Das Hausbuch der Liebe

Funken in den Augen, Rosinen im Kopf

Das Hausbuch der Liebe

Gesammelt von
Arnhild Kantelhardt

Mit Bildern von
Philip Waechter

GERSTENBERG

Inhalt

Geheimplätze und Herzschmerz

Richtige Küsse
und ein einziges Gefühl

MICHAEL KRÜGER

Liebe

Keiner weiß, wie sie aussieht, weil sie unsichtbar ist. Sie riecht nicht mal.
Wenn Erwachsene sie sich vorstellen, hat sie lange Beine oder viel Geld.
Sie macht sich rar, sie lässt sich nicht kopieren, manchmal wechselt sie ihr
Aussehen und ihren Namen. Aber sie ist immer einen Versuch wert! Es ist zum
Verzweifeln. Aber wer nie an der Liebe verzweifelte, weiß nicht, was sie ist.
Kinder brauchen viel davon. Manche sagen, sie sei weich und kuschelig, andere
halten sie für ein Stacheltier. Und beide haben recht. So einfach ist das.

Feengefühl und eine geheime
Erinnerung an die Zukunft

HERBERT GÜNTHER

Castor und Pollux

Mitten in der Nacht stand ich auf, nahm das Sternenbuch aus meinem Bücherregal, das Fernglas aus dem Schrank und schlich mich auf den Balkon.

Die Sternbilder des nördlichen Himmels. Man muss die Sternkarte auf den Monat drehen, der gerade ist. Wenn man von den beiden unteren Sternen im Kasten des Großen Wagens eine gerade Linie zieht, stößt man auf Castor. Daneben ist Pollux. Die beiden Zwillingssterne. Die Namen stammen von zwei alten Griechen. Man weiß, glaube ich, nicht so genau, ob sie Menschen oder Götter waren. Aber das habe ich rausgekriegt, sie sind auch von Brasilien aus zu sehen. In meinem Sternenbuch, eine Doppelseite weiter, sieht man *Die Sternbilder des südlichen Himmels.* Da sind die Zwillinge jedenfalls auch drauf.

Wenn ich mir vorstellte, dass Moritz von so weit entfernt trotzdem an mich dachte, dann war da wieder dieses seltsam schöne Gefühl, das mich ganz kribbelig machte. Dass er so einen Brief geschrieben hatte. Also hatte er auch schon vorher, als er noch hier war, an mich gedacht und ich hatte es nicht gemerkt. Wo hatte ich nur meine Augen gehabt?

Aber, fiel mir ein, vielleicht war das mit den Augen allein gar nicht zu sehen. Vielleicht gab es da ja, versteckt, unsichtbar, eine geheime Verbindung, ein Hin und Her zwischen Menschen, egal ob sie nah beieinander oder weit voneinander entfernt waren?

Ich richtete das Fernglas auf den Himmel und stellte die beiden Zwillingssterne so groß und so scharf ein wie nur möglich.

»He, Castor, kannst du mich hören?«

»???«

»Ich bin's. Du weißt schon …«

»Pollux?«

»Ja. Wir sind Zwillinge, hast du gesagt. Hör mal. Ich muss dich was fragen.«

»Was?«

»Über die Liebe und so …«

»Über die Liebe weiß ich nichts. Ich muss jetzt Portugiesisch lernen.«

»Komm. Sei nicht feige. Natürlich weißt du etwas. Wenn du so einen Brief schreibst.«

»Na gut. Aber viel weiß ich auch nicht. Nur dass man sie nicht sehen kann. Und nicht hören. Nur fühlen.«

»Das meine ich eben. Ganz tief drinnen. So ein Feengefühl.«

»Erzähl das bloß keinem, Pollux. Die lachen dich aus.«

»Es muss ja keiner wissen, Castor. Nur du.«

»Na gut. Aber pass auf, dass dich keiner sieht. Und keiner hört.«

»Mach ich. Das ist unser Geheimnis, ja?«

»Unser Sternengeheimnis. Abgemacht.«

»Und wenn ich will, kann ich wieder mit dir reden?«

»Du weißt, wo du mich findest, Pollux.«

In meinem Buch steht, dass man sich zum Sternengucken in der Nacht warm anziehen soll. Zwei Pullover, zwei Paar Socken, Jacke, Mütze, warme Hose, Handschuhe, dicke Schuhe. Ich war nur im Schlafanzug mit nackten Füßen in meinen Schlappen. Ich fror. Nach dem Sternengucken, las ich, soll man etwas Heißes trinken, damit man sich nicht erkältet. Also ging ich in die Küche runter und machte mir einen Becher Milch im Mikro warm. Die heiße Milch wärmte mich vom Bauch hinauf bis in den Kopf, und in meinem ganzen Körper war wieder dieses wunderbar schöne Gefühl. So leicht, als würde ich schweben. Kein Zweifel, ich war eine Fee. Da war eine Verbindung zu jemandem, der gar nicht hier war.

Geheime Verabredung

Glühend zwischen dir und mir
Julinächte brüten;
gleiche Sterne dort und hier
unsern Schlaf behüten.

Wähl das schönste Sternelein,
will das Gleiche tuen; –
morgen droben Stelldichein
auf geheimen Schuhen.

Gibst du nur nichts anderm Raum,
als mich dort zu finden,
wird ein gleicher süßer Traum
dich und mich verbinden.

CHRISTIAN MORGENSTERN

DAGMAR CHIDOLUE
Luise Doppelpunkt

Bei Dannebergs steht der saftige Mohnkuchen – bis auf zwei Stücke unberührt – auf der Küchenanrichte und wartet auf die Ankunft von Tills Vater. Fränkie sieht jedes Mal, wenn sie die Straße entlangläuft, in die Richtung, aus der Paul Danneberg kommen soll. Noch ist keine Spur von ihm zu sehen. Fränkie hat das Gefühl, dass sich die Dinge verändern werden, wenn er eingetroffen ist. Überhaupt, sie kann sich gar nicht vorstellen, was er eigentlich macht.

Sommertheater! Was tut er da?

»Er sagt den Leuten, was sie spielen sollen«, erklärt Till. »Und wie sie spielen sollen. Wie es gut und richtig ist.«

»Ich war nur einmal im Theater«, sagt Fränkie. »Beim *Zauberer von Oz*.«

»So was lässt er nicht spielen«, sagt Till. »Andere Sachen.«

»Was für Sachen?«

»Was es so auf der Welt gibt«, sagt Till. »Zum Beispiel Krieg. Oder König. Oder Liebe, Mord und Totschlag.«

»Denkt er sich solche Sachen aus?«, will Fränkie wissen.

»Nee«, sagt Till. »Steht doch alles in den Büchern. Schiller, Goethe und was es sonst noch so gibt.« Und dann öffnet er die Tür zu dem Zimmer, das Fränkie noch nie gesehen hat, die Tür neben Tills Zimmer, und das sieht vielleicht komisch aus: Bücher kreuz und quer, haufenweise und bis zur Zimmerdecke.

»Mord und Totschlag?«, fragt Fränkie staunend.

»Ja, und so was alles«, sagt Till und greift sich ein dünnes Buch aus dem Regal. »Auf! Auf! Ruft Mord durch die Gassen!«, liest er vor. Er hält das Büchlein dicht vor sein Gesicht, nicht vor die Nase, sondern mehr rechts, als ob es von dort mehr Licht gäbe.

»Arm in Arm mit dir zur Hölle«, ruft Till und streckt seinen Arm halb hoch. Es sieht komisch aus, tatsächlich wie im Theater, beim *Zauberer von Oz*, wenn

13

der Löwe grollt und Fränkie dabei schrecklich lachen muss. Auch jetzt quietscht sie los.

»Schsch«, macht Till. »Es ist ernst. Das kann man bestimmt wunderbar auf der Bühne spielen.« Er blättert in dem Heftchen, von hinten nach vorn.

»Du bist jetzt mal diese Frau«, sagt er zu Fränkie. »Dieses Mädchen. Überall, wo *Luise* steht, *Luise Doppelpunkt*, musst du lesen und überall, wo *Ferdinand* steht, lese ich. Also los.«

Till hält Fränkie das Heft hin. Aber sie muss schon sehr nahe an ihn rantreten, damit sie gemeinsam hineinschauen können.

»Du bist blass, Luise«, sagt Till.

Fränkie kichert. Wenn sie auch *Luise* heißen soll!

»Lach nicht«, mahnt Till. »Also noch mal: Du bist blass, Luise.«

Fränkie muss sich räuspern. Dann liest sie weiter, alles, was nach *Luise Doppelpunkt* kommt: »Steht auf und fällt ihm um den Hals.«

»Aber nein«, sagt Till in einem Ton, als ob Fränkie dumm wäre. »Das sind nur die Anweisungen, damit du weißt, was du tun sollst. Deshalb steht es auch in Klammern. Erst, was dann kommt, musst du sagen.«

»Es ist nichts. Nichts«, sagt Fränkie. »Du bist ja da. Es ist vorüber.«

Fränkie muss dabei an den Wespenstich von vorgestern denken.

Till sagt: »Du musst das mit mehr Schwung sagen. Nicht so geleiert. Bei meinem Vater wärst du schon geflogen.«

»Du bist aber nicht mein Vater«, sagt Fränkie. »Oder dein Vater.«

»Und liebt mich meine Luise noch?«, fragt Till. »Mein Herz ist das gestrige, ist's auch das deine noch? Ich fliege nur her, will sehen, ob du heiter bist, und gehn und es auch sein. Du bist's nicht.«

»Doch, doch, mein Geliebter«, sagt Fränkie und prustet vor Lachen raus, dass die Spuckefetzen fliegen.

»O Himmel«, sagt Till und knallt sich das Buch ärgerlich und heftig aufs Knie. »So geht das nicht. So ist das doch kein Theaterspiel. Wenn du Schauspielerin werden willst, musst du das mit viel Gefühl machen.«

»Ich will gar nicht Schauspielerin werden«, sagt Fränkie und wischt sich die Lachtränen aus den Augenwinkeln.

»Ach, lass uns das noch einmal machen«, sagt Till. »Es macht doch richtig Spaß.«

Ja, da hat er recht. Eigentlich macht es sehr viel Spaß. Wenn Fränkie *Till* statt *Ferdinand* sagen könnte und Till sie statt *Luise* richtiger *Fränkie* nennen würde …

Dann müsste er vielleicht so was sagen: »Du bist blaß«, Fränkie. Liebst du mich noch, Fränkie? Mein Herz fühlt das Gleiche wie gestern. Du auch? Ich bin hergerannt, um zu sehen, ob du dich freust. Aber du freust dich wohl nicht, wenn du mich siehst.«

Und Fränkie müßte antworten: »Doch, doch, mein Geliebter.« O nein. Das könnte Fränkie nie sagen!

»Wir müssen es richtig spielen«, schlägt Till vor. »So, wie es hier in der Anweisung steht: *Er fliegt auf sie zu.* Ich fliege also auf dich zu. *Sie sinkt entfärbt und matt auf einen Sessel.* Du sinkst also entfärbt und matt auf einen Sessel.«

Dabei ist Fränkie mittlerweile puterrot geworden. »Hier steht doch gar kein Sessel«, protestiert sie.

»Dann wirf dich einfach auf den Boden«, sagt Till und macht einen Schritt, aber da sie schon so nah beieinander stehen, kann er gar nicht groß fliegen: Er ist schon da.

Fränkie schmeißt sich auf den Boden. Zum Glück liegt da ein Teppich.

»Du bist blass, Luise?«, fragt Till und beugt sich über Fränkie. Da Luise aber nun eigentlich aufstehen soll, richtet Fränkie sich gleichzeitig auf und sie knallen mit den Köpfen aneinander.

»Aua«, sagt Fränkie.

»Aua«, sagt Till und dann: »Also gut, bleib liegen, Luise.«

»Fränkie!«, sagt Fränkie.

»Fränkie«, sagt Till und sieht im Heftchen nach, wie's weitergeht. »*Luise Doppelpunkt*«, sagt er und hält Fränkie die Seiten vor die Nase.

»Es ist nichts. Nichts. Du bist ja da«, sagt Fränkie brav, obwohl ihr die Spucke weggeblieben ist. »*Ferdinand Doppelpunkt*«, liest sie weiter. »*Ihre Hand nehmend und zum Munde führend.* Ach, das können wir ruhig weglassen.«

Till hockt jetzt wie Prinz Eisenherz neben ihr: ein Bein auf dem Boden, das andere gebeugt und die Hand mit dem Heft aufgestützt auf dem Knie. Es sieht malerisch aus, ist aber wohl unbequem und Till kann es nicht lange aushalten: Er setzt sich auf den Hintern.

»Und liebt mich meine Luise noch?«, fragt er und hält das Heft fast abgewandt zum Fenster. »Mein Herz ist das gestrige, ist's auch das deine noch?«

Dann schaut er weg, als ob er's auswendig kann, dreht den Kopf Fränkie zu, ist ihr sehr nah, sehr, sehr nah, und: »Ich bin hergerast, Luise«, sagt er und hat den Text nicht mehr im Kopf. »Ich will sehen, ob du fröhlich bist, Fränkie. Aber du freust dich gar nicht.«

Till hat jetzt alles verwechselt. Luise ist nicht Fränkie und Fränkie nicht Luise. Fränkie liegt flach auf dem Boden. Till hat sich über sie gebeugt und stützt sich mit beiden Händen ab. Fränkie sieht direkt in Tills Gesicht.

Jetzt ihr Text. »Doch, doch«, sagt Fränkie, »doch, doch«, und bekommt nichts mehr heraus. »Doch, doch.«

Till berührt sie nicht. Es sind mindestens zehn Zentimeter zwischen ihnen, mindestens!, oder mindestens fünf.

Fränkie verliert sich in Tills Gesicht. Sein braunes Haar. Die Haut. Es ist mit einem Mal schrecklich warm. Fränkie vergisst zu atmen. Und Till riecht nach allem Guten auf der Welt, nach Milch und Honig und Karamelbonbons. Und er sieht so wunderbar aus, so wunderbar und so wunderbar haselnussig. Till hat seinen Text total vergessen. Was er jetzt sagt, steht in keinem Buch! Was er jetzt fragt, darf keiner fragen.

»Und wenn ich dich jetzt küsse?«, fragt er ganz nah, ganz leise und laut genug. Fränkie weiß nicht, was sie tut. Sie schließt ihre Hände zu Fäusten und presst sie gegen Tills Brust. Till greift nach ihren Fäusten, umfasst mit seinen Händen kurz ihre, dass sie ganz verschwinden. Jetzt, denkt Fränkie, müsste es so ein komisches Gerangel geben, mit Armen und Beinen und allem, was man hat. Aber Till lässt sie plötzlich los. Es ist unerwartet und fast ein ganz klein bisschen unerwünscht.

Fränkie springt aber sogleich auf. Sie schaut Till gar nicht an, sondern rennt aus dem Zimmer, die Treppe runter und hinaus und fort.

Fünf Zentimeter und weniger sind zu nah, zu dicht und zu warm. Till und sie am Meer, Haut an Haut, das ist schon so gewesen, dass die Luft einem abgeschnitten wurde. Aber Till und sie so wie eben, *Schnute an Schnute*, ist etwas ganz anderes, ist mehr, ist alles, was man sich denken kann, und ist irgendwie zu viel. Es ist vielleicht so wie eine furchtbar geheime Erinnerung an die Zukunft und als ob man auf der scharfen Seite eines Messers läuft.

Deine Pfirsichhaut

Deine Pfirsichhaut
deine Mandelaugen
dein Dattelmund
das zitronengelbe Haar
im Wind

Ich habe Rosinen im Kopf

ECKARD DIETZE

Kehrreim

Du scherzt mit mir und lachst. Du siehst mich an.
Ich hab dich lieb, weil ich nicht anders kann.

Du schweigst, als ob dein Übermut besann
sich nun. – Weil ich nicht anders kann,

antwortest du. Und du umarmst mich dann,
flüsterst, weil ich nicht anders kann,

hab ich dich lieb. Und sagst noch: Mann,
ich lieb dich so. Die Liebe sieht dich an.

KARL KROLOW

SIMONE DE BEAUVOIR
An dem Tag, als ich in die 4a eintrat

An dem Tag, als ich in die 4a eintrat, ich war damals fast zehn Jahre alt, hatte eine Neue den Platz neben meinem eingenommen, ein dunkles kleines Mädchen mit kurz geschnittenem Haar.

Als wir am Ende des Unterrichts auf Mademoiselle warteten, kamen wir ins Gespräch. Sie hieß Elizabeth Mabille und war so alt wie ich. Der Unterricht, den sie zuerst im Elternhaus erhalten hatte, war durch einen schweren Unfall unterbrochen worden; auf dem Lande war beim Kartoffeln-rösten ihr Kleid vom Feuer erfasst worden; ihr Schenkel trug eine Verbren-nung dritten Grades davon, sie hatte nächtelang geschrien vor Schmerz. Ein Jahr lang hatte sie liegen müssen; unter ihrem Faltenrock war das Fleisch noch wulstig aufgeschwollen. Etwas derart Außergewöhnliches war mir nie zuge-stoßen: Sie kam mir daraufhin sofort wie eine Persönlichkeit von Bedeutung vor. Ich war erstaunt, wie sie mit den Lehrerinnen sprach; ihre natürliche Art stand im Gegensatz zu den stereotypen Stimmen der anderen Schülerinnen; sie machte wundervoll Mademoiselle Bodet nach; alles, was sie sagte, war interes-sant oder amüsant.

Trotz der Lücken, die sich aus ihrer erzwungenen Muße ergaben, reihte Eliza-beth sich bald unter die Ersten der Klasse ein; im Aufsatz allerdings blieb ich ihr überlegen. Unser Wetteifer gefiel unseren Lehrmeisterinnen, sie förderten unsere Freundschaft daraufhin. Bei der kleinen Festlichkeit, die alljährlich um Weihnachten herum stattfand, ließen sie uns zusammen ein kleines Lust-spiel aufführen. In einem rosa Kleid, das Gesicht von langen Locken umgeben, stellte ich Madame de Sévigné als Kind dar; Elizabeths Rolle war die eines turbulenten jungen Vetters; ihr Kostüm stand ihr reizend, sie entzückte die Zuhörerschaft durch ihre Lebhaftigkeit und Natürlichkeit. Die Proben, unser gemeinsames Auftreten im Rampenlicht führten uns noch näher zusammen; wir hießen seitdem »die beiden Unzertrennlichen«.

Mein Vater und meine Mutter fragten sich lange Zeit, welchem Zweig der verschiedenen Familien Mabille Elizabeths Eltern angehören könnten; sie kamen schließlich zu dem Ergebnis, dass sie mit ihnen wahrscheinlich entfernte gemeinsame Bekannte hätten. Ihr Vater war Eisenbahningenieur in ziemlich hoher Stellung; ihre Mutter, eine geborene Larivière, gehörte einer Dynastie von kämpferisch hervorgetretenen Katholiken an; sie hatte neun Kinder und war bei allen Werken der Nächstenhilfe von Saint-Thomas-d'Aquin mitbeteiligt. Manchmal erschien sie in der Rue Jacob. Sie war eine schöne Vierzigerin, dunkel, mit feurigen Augen und einem weichen Lächeln; um den Hals trug sie ein schwarzes Samtband mit einem antiken Schmuckstück als Verschluss. Durch ihre distinguierte Liebenswürdigkeit wurde ihre natürliche königliche Würde ein wenig gemildert. Sie gewann Mama für sich, indem sie sie »kleine Frau« nannte und ihr sagte, sie sehe aus, als ob sie meine ältere Schwester sei. Jedenfalls erhielten wir beide, Elizabeth und ich, die Erlaubnis, miteinander zu spielen.

Das erste Mal begleitete mich meine Schwester in die Rue des Varennes; wir waren beide recht aufgeregt. Elizabeth – die im Familienkreis Zaza genannt wurde – hatte eine große Schwester, einen großen Bruder, sechs Brüder und Schwestern, die jünger waren als sie, und einen Haufen von Vettern und kleinen Freunden. Sie liefen, sprangen, schlugen sich, stiegen auf die Tische, stießen die Möbel um und vollführten ein großes Geschrei. Als gegen Ende des Nachmittags Madame Mabille ins Zimmer trat, hob sie einen Stuhl auf und trocknete lächelnd eine heiße Kinderstirn; ich staunte über ihre Gleichgültigkeit gegen Beulen, Flecke und zerbrochene Teller; sie wurde niemals böse. Ich selbst mochte diese kleinen Unbände nicht besonders gern und sehr häufig hatte auch Zaza genug von ihnen. Wir flüchteten uns dann in Herrn Mabilles Büro, fern von allem Tumult, und unterhielten uns. Das war ein ganz neues Vergnügen. Meine Eltern sprachen zu mir und ich sprach zu ihnen, aber nie führten wir miteinander ein Gespräch; zwischen meiner Schwester und mir bestand nicht die Distanz, die für einen Austausch unerlässlich ist. Mit Zaza führte ich richtige Unterhaltungen wie am Abend Papa und Mama. Wir sprachen von unseren Schulaufgaben, unserer Lektüre, unseren Kameradinnen, unseren Lehrern, von dem also, was wir von der Welt kannten, nicht aber von uns selbst. Niemals arteten unsere Gespräche in Vertraulichkeit aus.

Wir erlaubten uns keine allzu große Annäherung. Wir sagten einander förmlich »vous« und außer am Schluss von Briefen gaben wir uns keinen Kuss.

Zaza liebte wie ich die Bücher und das Lernen; außerdem war sie mit vielen Talenten begabt, die mir fehlten. Manchmal fand ich sie, wenn ich in der Rue des Varennes schellte, damit beschäftigt, Rahmbonbons oder Karamellen herzustellen; sie steckte Orangenviertel, Datteln oder Backpflaumen auf eine Stricknadel und tauchte sie in eine Kasserolle, in der ein sirupartiges Gemenge kochte, das nach heißem Essig roch; die so zubereiteten Früchte sahen ebenso gut aus wie die beim Konditor. In einem Dutzend Exemplaren stellte sie durch Polykopie eine »Familienchronik« her, die sie jede Woche zu Nutz und Frommen ihrer nicht in Paris lebenden Großmütter, Onkel und Tanten herausgab; ebenso sehr wie ihre lebendige Art des Erzählens bewunderte ich ihre Geschicklichkeit, eine Sache herzustellen, die aussah wie eine wirkliche Zeitung. Sie nahm mit mir zusammen ein paar Klavierstunden, wurde aber schnell in eine höhere Abteilung eingestuft. Obwohl sie schwächlich und mit dürftigen Beinen ausgestattet war, vollführte sie nichtsdestoweniger tausend körperliche Heldenstücke; in den ersten Frühlingstagen suchte Madame Mabille mit uns einen blühenden Platz der Umgegend auf, es war Nanterre, glaube ich. Zaza schlug auf dem Grase Rad, sie machte eine Grätsche und versuchte sich in allen möglichen Arten von Purzelbäumen; sie kletterte auf Bäume und hängte sich mit den Füßen an den Zweigen auf. In allem, was sie tat, bewies sie eine Leichtigkeit, die mich mit staunender Bewunderung erfüllte. Mit zehn Jahren lief sie allein auf den Straßen umher; sie nahm im Cours Désir meine gespreizten Manieren an; sie sprach zu den Damen dort in einem höflichen, aber unbefangenen Ton, fast von gleich zu gleich.

Eines Tages erlaubte sie sich bei einem Klaviervorspiel eine skandalöse Kühnheit. Der Festsaal war mit Gästen gefüllt. In der ersten Reihe erwarteten die Schülerinnen in ihren besten Kleidern, schön gelockt und frisiert, mit Schleifen im Haar, den Augenblick, in dem sie ihre Talente vorführen sollten. Hinter ihnen saßen die Lehrerinnen und Aufsichtspersonen in seidenen Taillen und weißen Handschuhen. Im Hintergrund hielten sich Eltern und Eingeladene auf. Zaza, in blauen Taft gekleidet, spielte ein Stück, das nach der Meinung ihrer Mutter zu schwer für sie war und bei dem sie gewöhnlich ein paar Takte hingehudelt hatte; diesmal führte sie sie fehlerlos aus, worauf sie Madame Mabille einen triumphierenden Blick zuwarf und ihr die Zunge herausstreckte. Die kleinen Mädchen erbebten unter ihren Locken und strenge Ablehnung ließ das Antlitz der Damen erstarren. Als Zaza das Podium verließ, gab ihr ihre Mutter einen so vergnügten Kuss, dass niemand die Tochter zu schelten wagte. In meinen Augen wob diese kühne Tat einen Nimbus um ihr Haupt. Obwohl ich selbst mich den Gesetzen, den Klischees, den Vorurteilen unterwarf, liebte ich doch, was spontan war und von Herzen kam. Die Lebhaftigkeit und Unabhängigkeit Zazas sicherten ihr meine Ergebenheit.

Ich war mir nicht sofort darüber klar, welche Stelle diese Freundschaft in meinem Leben einnahm, da ich noch kaum geschickter als in meiner frühen Kindheit war, alles, was in mir vorging, auch deutlich zu benennen. Man hatte mich dazu erzogen, das, was sein soll, mit dem zu verwechseln, was ist; daraufhin prüfte ich nicht, was sich hinter der Konvention der Worte verbarg. Es war ausgemacht, dass ich zu meiner ganzen Familie, meine entferntesten Vettern mit einbegriffen, zärtliche Zuneigung hegte. Meine Eltern, meine Schwester liebte ich; dieses Wort enthielt alles. Die Nuancen meiner Gefühle, ihre Schwankungen, hatten kein Recht auf Existenz. Zaza war meine beste Freundin, weiter gab es da nichts. In einem wohlgeordneten Herzen nimmt die Freundschaft einen ehrenvollen Platz ein, doch hat sie nicht den Glanz und das Geheimnis der Liebe noch die geheiligte Würde kindlicher Anhänglichkeit. Ich stellte diese Hierarchie keineswegs in Frage.

In diesem Jahre wie in den anderen bescherte mir der Monat Oktober die fieberhafte Freude des neuen Schulanfangs. Die frisch gekauften Bücher knackten in meinen Händen und rochen gut. Auf meinem Ledersessel sitzend, berauschte ich mich an Zukunftsverheißungen. Keine davon traf ein. In den Anlagen des Luxembourggartens fand ich den Duft und die Farben des Herbs-

tes zwar wieder, doch sie berührten mich nicht mehr; das Blau des Himmels hatte sich getrübt. Der Unterricht langweilte mich; ich lernte meine Lektionen, freudlos erledigte ich meine Schulaufgaben und betrat morgens mit Gleichgültigkeit die Räume des Cours Désir. Wohl stand die Vergangenheit von Neuem vor mir auf, aber ich erkannte sie nicht: Sie hatte alle Farbe eingebüßt; meine Tage verliefen ohne Reiz. Alles wurde mir gegeben, doch meine Hände blieben leer.

Neben Mama schritt ich den Boulevard Raspail entlang und fragte mich plötzlich voller Angst: Was ist denn geschehen? Ist das mein Leben? War es immer nur das? Wird es so weitergehen? Bei dem Gedanken, bis in alle Unendlichkeit Wochen, Monate, Jahre zu durchleben, die von keiner Erwartung, keiner Verheißung her Licht empfangen würden, stockte mir der Atem: Man hätte meinen können, dass ohne jede vorherige Ankündigung die Welt gestorben wäre. Sogar diese Angst und Not wusste ich nicht zu benennen.

Vierzehn Tage lang schleppte ich mich von Stunde zu Stunde, von einem Tage zum anderen mit gleichsam wankenden Knien hin. Eines Nachmittags legte ich in der Garderobe des Instituts meine Sachen ab, als Zaza erschien. Wir fingen an, miteinander zu reden, uns Dinge zu erzählen und mit Kommentar zu versehen; die Worte auf meinen Lippen überstürzten sich und in meiner Brust kreisten tausend Sonnen; in einem Freudentaumel sagte ich mir: Sie hat mir gefehlt!

So radikal war noch meine Unkenntnis aller wahren Erlebnisse des Herzens, dass ich niemals auf den Gedanken gekommen war, mir zu sagen: Ich leide unter ihrer Abwesenheit. Ich brauchte ihre Gegenwart, um mir klarzumachen, wie notwendig sie mir geworden war. Es war eine blitzartige Offenbarung. Jäh lösten sich Konventionen, fest gewordene Gewohnheiten, Klischees vor meinen Augen in Nebel auf, eine tiefe Bewegung, die in keiner Satzung vorgesehen war, überflutete mich. Ich ließ mich ganz von dieser Freude tragen, die stark und frisch in mir strömte wie das Wasser der Kaskaden und nackt und offenbar dalag wie ein schöner Granit.

Ein paar Tage darauf erschien ich etwas zu früh im Institut und starrte ungläubig auf Zazas Sitz: Wenn sie dort niemals wieder säße – was würde dann aus mir? Und von Neuem ging mir blendend eine Enthüllung auf: Ich kann nicht mehr leben ohne sie. Es war erschreckend für mich: Sie kam und ging, auch wenn sie ferne von mir war, und dennoch ruhte mein Glück, mein Dasein ausschließlich in ihren Händen. Ich stellte mir vor, wie etwa Mademoiselle Gontran, mit ihrem langen Rock über den Boden fegend, hereinkommen und uns sagen würde: »Betet, liebe Kinder! Eure kleine Gefährtin Elizabeth Mabille ist gestern Nacht zu unserem Herrgott gerufen worden.« Ganz sicher, so sagte ich mir, würde ich daraufhin im gleichen Augenblick sterben! Ich würde von meinem Schulsitz sinken und tot auf den Boden fallen. Diese Lösung beruhigte mich. Ich glaubte nicht, dass ernstlich die göttliche Gnade mir das Leben zu rauben vorhätte; aber ich fürchtete auch nicht mehr wirklich, dass Zaza sterben könnte. Ich hatte mir nur einmal klargemacht, wie weit die Abhängigkeit ging, die meine Zuneigung mir auferlegte. Allen Folgen davon jedoch wagte ich nicht ins Auge zu sehen.

Ich erhob nicht den Anspruch, dass Zaza für mich ein ebenso eindeutiges Gefühl hegen müsse; es genügte mir, ihre bevorzugte Kameradin zu sein. Die Bewunderung, die ich ihr entgegenbrachte, setzte meinen eigenen Wert in meinen Augen nicht herab. Liebe ist nicht Neid. Ich konnte mir auf der Welt nichts Besseres denken, als ich selbst zu sein und Zaza zu lieben.

Weißt du

Weißt du, ich will mich schleichen
leise aus lautem Kreis,
wenn ich erst die bleichen
Sterne über den Eichen
blühen weiß.

Wege will ich erkiesen,
die selten wer betritt,
in blassen Abendwiesen –
und keinen Traum, als diesen:
Du gehst mit.

RAINER MARIA RILKE

Wenn man nur wüsste

Wenn man nur wüsste, wie
sie gemeint ist, die Welt.
Diese rollende Kugel,
in den Gnadenmantel
aus blauem Himmel gehüllt,
auf der es die Liebe gibt.
Und wir, die wir sie einstweilen
bewohnen.
Ob wir gemeint sind.
Ob sie gemeint ist, die Welt.

JÜRG AMANN

NAJA MARIE AIDT

Der blühende Garten

Es war ein großer, blühender Garten; man meinte, das Meer wie eine Spiegelung am Himmel zu erkennen, obwohl es natürlich umgekehrt ist; es war Juli, die Pfingstrosen hingen schwer und kirschrot an ihren Stängeln.

Wir saßen auf den grünen Gartenmöbeln auf der Terrasse, grün leuchtete der Rasen, wir aßen Pfannkuchen, süß, mit Äpfeln und Zimt.

Nachmittag; Erik und ich hatten ständig blaue Lippen nach unseren unzähligen Ausflügen ins Wasser.

Wir saßen unter dem Sonnenschirm, ich und mein bester Freund Erik, meine Großmutter mit dem weißen Feenhaar, Großvater mit Knickerbockern und Strohhut und meine langweilige Kusine Mette, unterm Tisch ihre kräftigen Schienbeine.

Die Teetassen klirrten, es waren Sommerferien und ich hatte die Erlaubnis bekommen, Erik dieses Jahr wieder mitzubringen. Es war genau im Jahre 1978, in einem ungewöhnlich guten Sommer: Sonne, Sonne und nochmals Sonne. Nur die Bauern beklagten sich, aber für die hatten wir nur Spott übrig, uns konnte ja nichts vertrocknen.

»Ist es unbedingt lebensnotwendig, am Tisch zu lesen?«, fragte die Großmutter meine Kusine.

Mette schaute verwirrt auf und brummelte etwas hinter ihren dicken Brillengläsern, die irgendwie ihr ganzes Gesicht verdeckten, sie strich mit der Hand eine fettige Haarlocke hinters Ohr und legte das Buch weg. Sie las immer. Mehrmals in der Woche fuhr sie auf Großmutters hohem schwarzen Damenrad den weiten Weg zur Bibliothek und kehrte mit dem Korb voller Bücher zurück.

»Du bist wirklich eine waschechte Leseratte, was, kleine Mette …«, sagte Großvater nickend und zündete eine Zigarette an.

Er kniff ihr in die Wange, sie errötete und ich sagte: »Na, also wir schwirren mal ab. Danke für den Kuchen, Omi.«

Wir schnellten von den Stühlen, unsere Stachelbeerbeine in weißen Gummischuhen, die Hände in den Taschen der kurzen Hose.

»Sollen wir zur Landspitze rausdüsen?«, war mein Vorschlag und Erik antwortete, indem er sich in Trab setzte, er rannte über die Wiese, die Grasnelken und die Kamille, zum Strand hinunter und zur Steilküste, die ein paar Kilometer nördlich lag.

Wir bewegten uns immer schnell, unsere Körper waren voll Unruhe, kaum hatten wir morgens die Augen aufgeschlagen. Unsere Knie zitterten, die großen Füße wollten laufen, die Nägel waren vor lauter Eifer abgekaut, die Augen aufgerissen vom Spiel.

Wir trotzten Schwarzdorn und Brombeerranken, Brennnesseln und Bärenklau. Wir waren die Herren der Landschaft.

Abends radelten wir, dass der Sand auf den Wegen knirschte, durch Vogelgesang und roten Himmel, sausten an den schwarzen Silhouetten der Bäume vorbei und an all den Geheimnissen, die die Hasen und Igel zu dieser Tageszeit haben mochten.

Es war eine der vornehmeren Ferienhauskolonien und das Haus der Großeltern war alt und zweistöckig und reetgedeckt. Die Bambusmöbel im Haus hatten Bezüge mit großen Blumen drauf und es roch etwas muffig. Wir schliefen in Schlafkojen klitzekleiner Kammern, aßen den ganzen Tag mit großem Appetit und liebten einander wie Brüder und noch etwas mehr.

Es war vollkommen, einzig, der Duft nach Erdbeeren und Schweiß und toten, verbrannten Fliegen. Im Frühjahr waren wir beide vierzehn geworden, Erik etwas früher als ich.

Die Wellen schlugen ans Ufer, vor uns öffnete sich der Strand, blau, grün und weiß. Erik ließ flache Steinchen übers Wasser hopsen. Darin war er ein richtiges Ass.

»Wer kommt zuerst zur Landspitze?«, sang ich und sprang über Stein und Tang und Sand.

Wir rannten synchron und gewannen alle beide. Ausgepumpt warfen wir uns an den Fuß der Steilküste.

»Ist doch komisch, ne«, sagte Erik, als er nicht mehr außer Puste war, »die Steilküste, Mann, die steht da seit der Eiszeit. Und noch länger womöglich …« Wir sahen uns die Schichten an, die Formationen aus Lehm, Sand und mineralhaltigem Boden, rostfarben und zusammengepresst. Große Seemöwen schrien ganz oben, der Horizont schien unendlich wie der Himmel, wie die Sommerferien, wie unser junges Leben.

»Los, wir klettern gleich hoch!«, sagte ich und stand aufrecht wie ein Soldat. »Wer nicht wagt, gewinnt nicht!«

Erik lachte sein Stimmbruchlachen und wir rutschten durch den glatten Lehm. Dreckverschmiert standen wir dann auf der Höhe, mit einem Blick übers ganze Land: hinter uns Felder und Häuser, weit hinten der Wald wie eine dunkle Zeichnung, vor uns das Meer, glänzend und hellblau, der Himmel, der Strand mit verstreuten Bootshäusern und Jollen und einzelnen Menschen, die sich sonnten.

Erik wurde plötzlich ein bisschen dunkler, ich merkte den Schatten in seinem Gesicht, ehe ich mich umdrehte und ihn ansah.

»Was ist denn?«, fragte ich. »Ist das nicht eine tolle Aussicht?«

»Es ist bloß so seltsam«, sagte er abwesend, »das mit deiner Kusine …«

Ich glotzte ihn an. »Mette! Was ist denn mit der? Sie ist ja seltsam, was ist denn mit ihr?«

»Na ja, also … sie … ich weiß nicht so recht … ist einfach richtig komisch, immer wenn ich sie sehe, wird mir ganz flau im Magen … das ist echt peinlich, dazusitzen und zu essen, ich trau mich nicht mal mehr, sie anzugucken oder so …«

Ich lachte, ein klein wenig schrill. »Da gibt's ja wohl auch keinen Grund zu, Mann, die ist so potthässlich, dass man's gar nicht glaubt. Ist doch klar, dass du Bauchschmerzen kriegst, wer kriegt die nicht, es wird einem ja schon übel, wenn man nur an sie denkt …«

Ich setzte mich dicht neben Erik. Er verhielt sich immer noch merkwürdig, saß da und zwirbelte einen Grashalm zwischen den Fingern.

»Na ja, so hab ich's eigentlich nicht gemeint ...«, sagte er schließlich. Langsam. Ich hatte ein mulmiges Gefühl zwischen den Rippen. »Was meinst du denn dann? Na los. Raus mit der Sprache.«

Erik sah mich einen Augenblick an und stand auf. »Vergiss es«, sagte er, »ist nicht so wichtig.« Und kurz darauf: »Gehn wir baden?«

Er lief quer die Steilküste hinunter und schmiss seine Schuhe am Rand des Wassers in den Sand. Ich sah, wie sein goldener Oberkörper und das dunkle Haar im Blau verschwanden und wieder auftauchten.

»Verdammter Mist ...«, murmelte ich und kletterte zu ihm hinunter.

Als wir zum Garten zurückkamen, schmökerte Mette wie gewöhnlich, sie lag in einem orangefarbenen Badeanzug auf dem Bauch, im Schatten schlenkerten ihre Beine in der Luft.

»Thomas und Erik!«, rief meine Großmutter von der Terrasse und winkte zu uns herüber. »Könntet ihr beiden nicht ein paar Kartoffeln fürs Essen ausgraben?«

Wir gruben den lockeren Sandboden auf und hatten in null Komma nichts einen halben Eimer voll. Großmutter bat uns, sie zu putzen, und gab uns eine Schüssel Wasser heraus.

»Guck sie dir doch an«, raunte ich Erik zu, ich konnte es nicht lassen, »sie ist blass wie 'ne Milbe und fett. Wenn die nicht hässlich ist, dann ...«

Er gab keine Antwort, er saß nur da und schrubbte los.

Ich flüsterte ihm weiter ins Ohr: »... ich hoffe für dich, dass du sie nicht leiden kannst. Jetzt guck sie dir doch mal an, Mann, und außerdem sagt sie nie einen Ton ...«

Er rückte von mir weg. »Halt die Schnauze«, sagte er plötzlich und unvermittelt. »Ich hab keine Lust, darüber zu reden.«

So hatte die Freude einen Sprung bekommen. Ganz schnell, von einem Augenblick zum andern. Ich wachte über seine Bewegungen, die Art, wie er Messer und Gabel gebrauchte, seinen Blick über die Teller. Ich neckte Mette und brachte sie dazu, dumm auszusehen, sie wurde rot und wand sich, ich hänselte sie so hartnäckig, dass Großvater am Ende böse wurde und mich aufforderte,

den Tisch zu verlassen, wenn ich mich nicht anständig aufführen würde ...
Noch eine Demütigung. In Eriks Gegenwart. Vor Betroffenheit glühte mein
Gesicht. Und Erik, er tat, als wäre nichts, und las ungerührt in seiner Koje Asterix, wie wir es immer getan hatten, den ganzen Sommer und den Sommer
davor.

Am nächsten Tag hatte ich die Sache fast vergessen und wir machten eine längere Fahrradtour aufs Land. Mit Stullenpaketen und Apfelsaft in alten Essigflaschen.

Als wir auf einer Lichtung unsere Brote aßen, sagte er auf einmal: »Du, Thomas, hast du schon mal ein Mädchen geküsst?«

Ich traute meinen Ohren kaum. »Hast du sie noch alle, Mensch? Natürlich
nicht!«

»Kannst du schweigen?«, fragte er dann und lächelte hinterhältig. Er legte sich
mit dem Rücken auf den Waldboden, verschränkte die Arme unter dem Nacken, streckte sich und schmunzelte zufrieden.

»Na klar. Das weißt du doch«, antwortete ich gereizt und spürte eine Kälte unter der Kopfhaut, trotz der feuchten Mittagshitze.

»Okay. Du denkst, ich lüge, was? Aber ich habe Mette geküsst. Gestern Abend,
im Holzschuppen. Als du abgewaschen hast.«

Er sah mich mit seinen Kastanienaugen breit lächelnd an. »Na, was sagst du
nun?!«

Ich sagte nichts. Ich legte mich hin, es kribbelte überall, im Hals bildete sich ein Klumpen.

»Schwindeln kannst du ganz gut, was«, konnte ich gerade noch stammeln.

Er sprang in die Höhe. »Das ist die reine Wahrheit!«, schrie er. »Und ich kann dir versichern: Es war gar nicht schlecht!«

Er schlenkerte mit den Armen und lief um mich herum. »Und ich bin sicher, sie hat das schon mal versucht, sie hat nämlich so richtig geküsst, mit Zunge und allem Drum und Dran, und ich sag dir, das ist schon komisch. Man merkt es bis in die Beine …«

Es drehte mir den Magen um. Mettes Zunge. Etwas Ekligeres konnte ich mir gar nicht vorstellen.

»Hast du sie auch angefasst?«, fragte ich voller Abscheu.

»Mensch, das geht ja wohl nicht anders, denkst du, man küsst sich einfach so und hat die Hände auf dem Rücken? Ich habe auch ihr Haar berührt. Und weißt du was? Das ist unheimlich weich … viel weicher als unseres …« Er setzte sich wieder, ein wenig ruhiger, er aß eine Banane und trank meinen letzten Saft aus.

»Ich find das eklig«, murmelte ich.

»Wart's nur ab, bis du es selber probiert hast«, sagte er und schüttelte mich reichlich fröhlich im Nacken. »Fahren wir weiter?«

Er radelte vorneweg, pfeifend und mit zähen Beinbewegungen. Hügelauf, hügelab. Ich jagte hinterdrein, verschwitzt und außer Atem. Ich fühlte mich wütend und verrückt und klein und dumm. Sein nackter Rücken vor mir, plötzlich erschien er groß und fremd; ich konnte ihn nicht einfach in den Graben stürzen und ihm zotige Witze an die Schläfe hauchen und den Duft seines Haars riechen: salzig und dick und voller Wind und Wolken.

Aber Mette ließ sich überhaupt nichts anmerken. Sie löste Kreuzworträtsel am Gartentisch, als wäre nichts geschehen. Sie sah nicht einmal auf, als wir den Garten betraten.

»Na, hattet ihr eine schöne Fahrt, Jungs?«, fragte Großvater, der unter seinem Strohhut dabei war, das Staudenbeet zu harken.

»Ja, danke!«, schmetterte Erik. »Es war richtig toll. Nicht wahr, Thomas?«

Ich nickte.

»Seht euch mal die Pfingstrosen an«, sagte Großvater und legte seine Hand schützend um eine von ihnen, »die wollen für dieses Jahr wohl abdanken. Die Stiele können die Köpfe kaum noch tragen. Ich glaube, wir sollten sehen, dass wir sie pflücken, ehe es ganz vorbei ist.«

Er ließ die Blüte los und richtete sich auf.

»Na, Mette, ist das nicht ein Job für dich? Du kannst meine Schere haben.«

Er zog eine kleine Rosenschere aus der Tasche. Mette guckte scheel von ihrem Kreuzworträtsel auf und erhob sich widerwillig. Mit hängenden Schultern ging sie zum Beet. Der orangefarbene Badeanzug.

»Bevor du schneidest, musst du vorsichtig den Stiel halten«, sagte Großvater. »Du sollst ja nicht aus Versehen den Kopf verlieren …«

Erik und ich saßen auf dem Rasen und beobachteten Mette im Beet, die Schere in der Hand, sie blitzte in der Sonne, die weißen Schenkel hatten Streifen von den Gartenmöbeln. Das kurze Klacken der Schere unterbrach unser Schweigen und bald hatte sie einen großen Strauß im Arm. Den Rest ließ sie stehen. Hoch erhobenen Hauptes ging sie an uns vorbei, das Haar hing ihr mausgrau den Rücken hinunter, der starke Duft der Blumen berührte uns wie ein kurzer Atemzug.

Erik streckte sich aus und schloss die Augen.

Ich sah, wie er lächelte.

Die letzten Ferientage. Wir sammelten noch mehr Steine und Muscheln. Wir badeten. Erik rasierte den weichen Flaum seiner Wangen mit Großvaters Schaber. Ich hatte schweißige Hände. Abends lasen wir Asterix und wurden hellwach von einer abgegriffenen Nummer *Weekendsex*, die wir unter meiner Matratze versteckten. Wir besprachen das kommende Schuljahr, wir rückten in die achte Klasse auf. Wir riefen uns die langen Korridore des Internats ins Gedächtnis, die laute Turnhalle, unser Zimmer, das wir mit einem Idioten namens Michael teilten. Erik erzählte, sein Vater müsse wegen seiner Arbeit vielleicht nach England. Und dass er vielleicht mitmüsse.

»Doch bloß ein Jahr«, sagte Erik und freute sich schon.

Warum hatte er das denn nicht eher gesagt?

Im hinteren Garten rissen wir großen, fetten Schmeißfliegen heimlich Flügel und Beine aus und hielten sie über brennende Streichhölzer. Der Duft nach Pfingstrosen und toten, verbrannten Fliegen.

»Was sind das eigentlich für Bücher, die Mette da liest?«, fragte ich eines Abends und schaukelte mit dem Stuhl.

»Das sind richtige Bücher, du, also Erwachsenenbücher, Romane und so'n Zeug...« Wie seine braunen Auge glänzten, fiebrig und feucht.

An dem Tag, an dem wir unsere Sachen packten und sie holterdiepolter in unsere Rucksäcke warfen, regnete es zum ersten Mal nach vielen Wochen. Ein feiner, dichter Regen, beinah lautlos wie ein Schleier über dem Garten, ein Nebel über dem Meer.

»Du, Erik«, sagte ich später, als ich auf der Kante des unteren Bettes saß und ihm zusah, wie er in seine Reisejacke schlüpfte und sorgfältig die Schuhe schnürte. »Hast du Mette damals wirklich geküsst?« Er sah auf und lächelte. Ich hätte so gern seinen Mund berührt.

»Abfahrt!«, rief Großvater vom Tor. »Die Fähre wartet nicht auf so Lümmel wie euch!« Erik richtete sich auf und ging mit dem Rucksack über der Schulter durchs Haus in den Regen hinaus.

Großmutter küsste uns beide zum Abschied. »Passt auf, dass ihr nicht seekrank werdet«, sagte sie. Mette stand dabei und glotzte.

Wir fuhren in den Herbst hinein und erfochten viele neue Siege.

Ich habe dich so lieb

Ich habe dich so lieb!
Ich würde dir ohne Bedenken
eine Kachel aus meinem Ofen
schenken.

Ich habe dir nichts getan.
Nun ist mir traurig zu Mut.
An den Hängen der Eisenbahn
leuchtet der Ginster so gut.

Vorbei – verjährt –
doch nimmer vergessen.
Ich reise.
Alles, was lange währt,
ist leise.

Die Zeit entstellt
alle Lebewesen.
Ein Hund bellt.
Er kann nicht lesen.
Er kann nicht schreiben.
Wir können nicht bleiben.

Ich lache.
Die Löcher sind die Hauptsache
an einem Sieb.

Ich habe dich so lieb.

JOACHIM RINGELNATZ

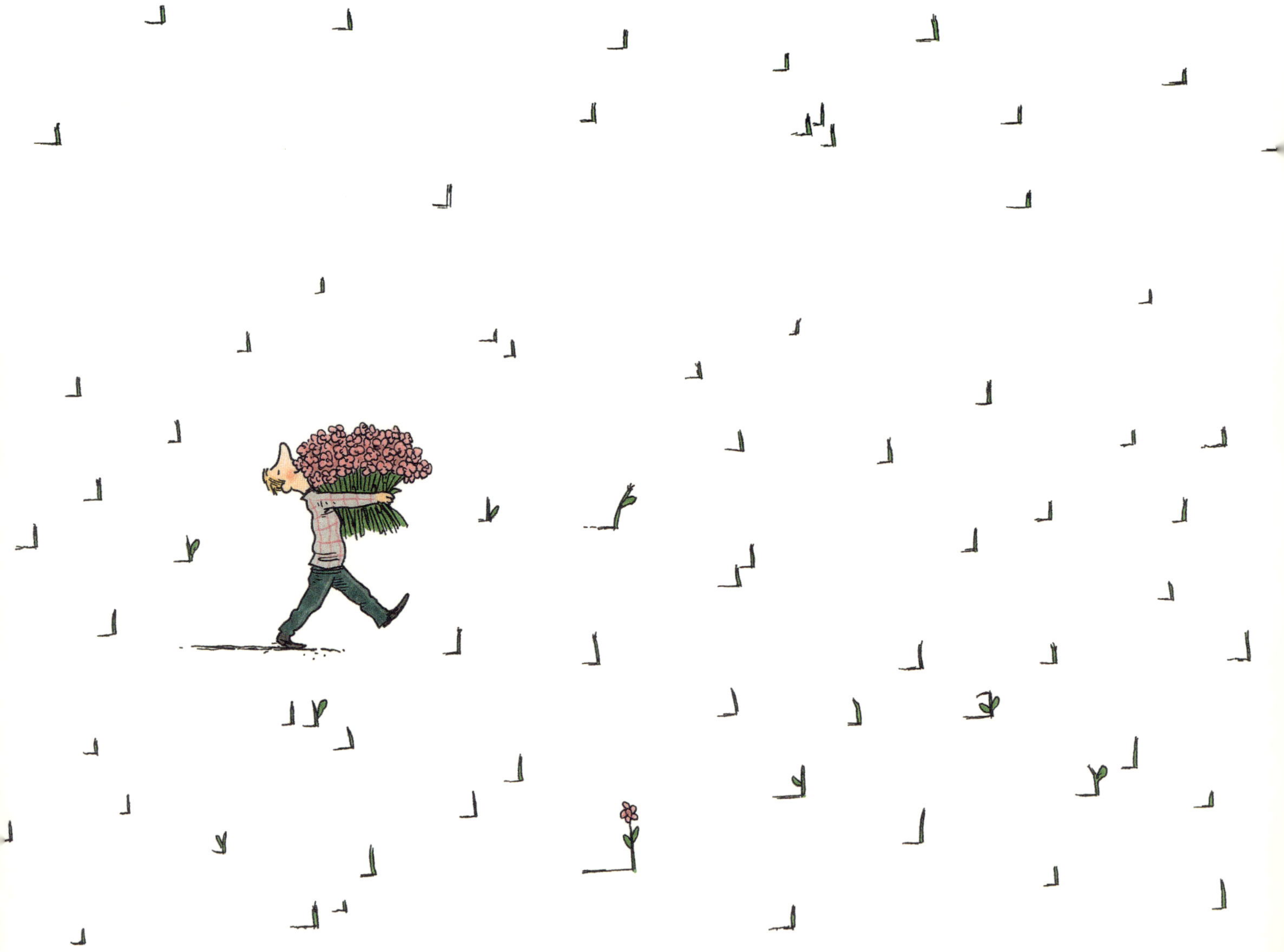

Sehnsucht und Sternschnuppenwünsche

ULF STARK

Ein Sonnenfunke im Auge

Ludwig lehnte am rechten Torpfosten und sah auf die Uhr. Die Sonne schien ihm heiß auf den Nacken. Bald würde der dicke Turnlehrer in seine Trillerpfeife blasen. Und dann hätten sie gewonnen – wie immer. Dann würden alle die Hände in die Luft werfen und aus Leibeskräften losbrüllen.

Ludwig hatte kein einziges Tor reingelassen, vorhin hatte er sogar einen Strafstoß gehalten. Wenn Papa das nur gesehen hätte! Aber Papa war nicht da. Papa würde er erst am zwölften Juli treffen. Dann würden sie in Dalsland Kanu fahren und dann würde er ihm von seiner stolzen Leistung erzählen. Das waren so Ludwigs Gedanken, während er den Torpfosten umarmte.

»Hallo, Ludde! Wach auf!«, rief Simon.

Aber es bestand kein Grund zur Panik. Der Ball befand sich immer noch am anderen Ende des Spielfeldes, sie führten mit eins zu null und bald war das Spiel zu Ende.

Dennoch baute Ludwig sich mitten im Tor auf und winkte mit seiner Baseballmütze. Macht euch keine Sorgen, bedeutete das. Immer mit der Ruhe. Ich werd mit allem fertig.

Genau in diesem Augenblick traf ein Sonnenfunke sein Gesicht, ein kleiner leuchtender Lichtpunkt, der direkt in seine Augen fiel. Und danach sah er nichts mehr. Auf der anderen Seite des Feldes stand nämlich ein Mädchen. Und in ihrer Halsmulde hing etwas, das sprühte und funkelte.

Und daher sah er den Ball nicht, der über das Feld angesaust kam. Und den dünnen Jungen, der mit dem Fuß dagegenstieß, den sah er auch nicht.

Ludwig stand immer noch ruhig da und hielt seine Mütze in der Hand, als der Ball sachte ins Tor rollte, direkt neben seinem rechten Schuh.

Da endlich pfiff der Schiedsrichter.

»Mann, wie konntest du nur?«, rief Johan, als Ludwig hinterher unter der Dusche stand.

»Was denn?«

»Wie konntest du diesen echt supereinfachen Ball verpassen? Der ist dir doch direkt vor die Füße gerollt!«

»Die Sonne hat mich plötzlich geblendet!«

Ludwig blieb noch eine Weile unter der Dusche stehen. Er mochte das Gefühl, wenn die kalten Strahlen auf die Haut prasselten. Und das Geräusch von spritzendem Wasser hörte er auch gern. Als er zu den anderen Jungs rübersah, stellte er fest, dass keiner von ihnen grinste. Und keiner erwähnte, dass er die Sonne ja im Rücken gehabt hatte.

»Mensch, ist doch scheißegal«, sagte Simon.

»Hauptsache, du hast den Strafstoß gehalten«, stimmte auch Johan zu. »Kommst du nach der Schule mit zum See?«

»Geht nicht, muss üben«, sagte Ludwig.

Dann trat er aus der Dusche und rieb sich die Augen trocken, dort saß nämlich immer noch ein kleiner Rest Licht.

Liebesgedicht

Du, ich sag jetzt Du zu dir,
du, ich mag dich leiden.
Irgendwas ist los mit mir
und mit uns zwei beiden.

Hörst du's? Alles ist ganz still.
Nur dein Gesicht an meinem.
Was ich sonst noch von dir will,
will ich sonst von keinem.

Am liebsten lieb hab ich dich dann,
wenn wir gar nichts sagen.
Ich schau dich an und schau dich an
und spür mein Herz im Magen.

WOLF HARRANTH

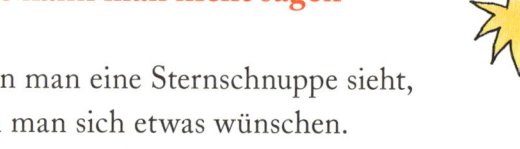

Alles kann man nicht sagen

Wenn man eine Sternschnuppe sieht,
kann man sich etwas wünschen.
Aber man darf es nicht sagen,
weil es sonst nicht in Erfüllung geht.

Wenn ich mir wünsche, dass du mich
ganz unerwartet
an dich ziehst und mir über die Haare streichst,
kann ich es nicht sagen.

Wenn ich es sagen würde
und du es dann tätest,
wäre es überhaupt nicht,
was ich mir gewünscht habe.

MARTIN AUER

ANNIKA THOR

Ein rotes Herz, ein blauer Schmetterling

Hier sitzt Alva. Vor ihr liegt das aufgeschlagene Mathebuch, aber Alva hat vergessen zu rechnen. Sie zwirbelt eine Haarsträhne zwischen den Fingern und guckt auf den Schulhof. Zuerst kommt eine Katze, die vielleicht weggelaufen ist. Dann küssen sich zwei aus den oberen Klassen hinter dem Fahrradständer. Sie glauben wahrscheinlich, dass sie niemand sehen kann. Die beiden küssen sich lange und Alva guckt lange hinaus. Filippa dreht sich um, sie will sehen, wonach Alva schaut. Als Filippa die beiden Küssenden entdeckt, stößt sie Alva in die Seite und kichert. Nicht besonders laut, aber laut genug, dass die Lehrerin ihnen einen strengen Blick zuwirft. Alva seufzt und beginnt wieder zu rechnen.

Und dort sitzt Love, ganz hinten im Klassenzimmer. Love ist einer der ruhigen Jungen, die hinten sitzen dürfen. Er kaut an seinem Bleistift und guckt auf die Uhr, die über der Tür hängt. Viertel nach zwei. In einer Viertelstunde ist die Schule aus. Sobald er im Freizeitheim angekommen ist, ruft er Mama bei der Arbeit an und fragt, ob er nach Hause gehen darf. Sein Kaninchen, das Hoppsan heißt, war heute Morgen so merkwürdig. Es wirkte ganz müde und wollte nicht fressen. Hoffentlich ist es nicht krank. Love kippt den Stuhl gegen die Wand, streckt sich und gähnt. Vierzehn Minuten. Dreizehn. Zwölf.

Wenn man Alva fragen würde, wie sie Love findet, würde sie antworten, dass sie ihn nett findet. Er gehört nicht zu den Jungen, die dauernd schreien und streiten und sich bei der Essenausgabe vordrängeln. Als sie in die Erste gingen, haben Love und Danne oft mit ihr und Filippa in der Kita gespielt. Sie haben Höhlen im Kissenzimmer gebaut. Jetzt in der Dritten spielen Jungen und Mädchen fast gar nicht mehr miteinander. Einige in der Klasse sind schon gefragt worden, ob sie mit jemandem gehen wollen, und jetzt sind sie zusammen. Alva fragt sich, was man eigentlich macht, wenn man mit jemandem zusammen ist, außer dass man sich küsst, wenn es niemand sieht.

Wenn man Love fragen würde, wie er Alva findet, würde eine Weile nachdenken müssen. Er hat irgendwie lange nicht mehr an sie gedacht, obwohl sie früher Freunde waren. Love denkt nicht viel an die Mädchen in der Klasse. Sie sind da und reden und lachen und haben Geheimnisse, aber das geht ihn ja nichts an. Love würde eine Weile nachdenken und dann würde er sagen, dass Alva in Ordnung ist. Ziemlich in Ordnung, dafür dass sie ein Mädchen ist. Keins, das sich aufspielt. Außerdem ziemlich hübsch, würde Love sagen. Dann würde er über etwas anderes reden wollen. Zum Beispiel über Kaninchen.

Es ist ein normaler grauer Tag im Februar. Hier sitzt Alva. Dort sitzt Love. Keiner von beiden weiß, dass sie sich bald ineinander verlieben werden.

»Rote Herzen«, sagt Filippa, »aus so dickem Papier. Und dann schreiben wir was mit Goldstift drauf. Das wird toll.«
»Und was schreiben wir?«, fragt Alva.
»Ich liebe dich«, sagt Filippa. »Und auf die Rückseite ›Liebst du mich?‹«
»So was kann man doch nicht schreiben«, sagt Alva.
»Kann man wohl«, sagt Filippa. »Aber nur am Valentinstag. Das ist, wie wenn du jemand fragst, ob er mit dir gehen will, das ist doch klar.«
»Wem wollen wir sie geben?«, fragt Alva.
Da lächelt Filippa ein wenig geheimnisvoll und sagt, das wird Alva dann ja sehen. Alva fragt nicht weiter. Wenn Filippa etwas entschieden hat, wird es so gemacht, wie sie will.
Filippa weiß immer, wie alles sein muss.
Alva weiß das nicht so sicher. Sie braucht immer eine Weile, ehe sie herausfindet, was sie will und was nicht. Und wenn sie es weiß, ist es meistens nicht das, was Filippa will, aber dann ist es zu spät, etwas zu sagen.
Auch jetzt ist Filippa schon losgelaufen und hat Barbro um dickes rotes Papier

44

und zwei Scheren gebeten. Den Goldstift hat sie von zu Hause mitgebracht. Sie setzen sich an den großen Tisch und fangen an, Herzen zu zeichnen. Das ist gar nicht so leicht. Die eine Hälfte wird ständig größer als die andere.

Nach einer Weile kommt Alva auf die Idee, dass man das Papier falten und einfach ein halbes Herz zeichnen kann. Dann schneidet man an der Linie entlang, und wenn man das Papier aufschlägt, hat man ein gleichmäßiges schönes Herz. Dann hat man aber so eine hässliche Falte in der Mitte, findet Filippa. Aber wenn man das aufgeklappte Herz auf das Papier legt und an den Rändern entlang einen neuen Umriss zeichnet …

Das ist eine gute Idee, das muss Alva zugeben. Sie ist fast ein bisschen sauer, dass es nicht ihre Idee war. Aber schließlich haben sie jede ein Herz, das genauso aussieht, wie es sich gehört. Mehrere andere Mädchen haben sich mit an den Tisch gesetzt und schneiden auch Herzen aus.

»Komm«, flüstert Filippa Alva zu. »Wir gehen ins Kissenzimmer. Die anderen dürfen meinen Goldstift nicht leihen. Nur du.«

Alva folgt ihr in das leere Kissenzimmer. Filippa nimmt ihren Goldstift hervor. »Ich liebe dich«, schreibt sie in ihrer schönsten Schrift auf die eine Herzseite. Und auf die andere: »Liebst du mich?« Dann gibt sie Alva den Stift. Alva schreibt, so schön sie kann. Das ist schwer, denn sie ist Linkshänderin und die Goldschrift verschmiert so leicht, wenn man mit der Hand darüber wischt. Aber es ist trotzdem ganz schön. »Ich liebe dich. Liebst du mich?«

»Wem wollen wir sie geben?«, fragt Alva wieder.

In dem Augenblick reißt Barbro die Tür zum Kissenzimmer auf und sagt, dass sie aufräumen sollen. Auf dem großen Tisch liegt noch ein Haufen Papierschnipsel, sagt sie. Filippa sagt, darum sollen sich die anderen Mädchen kümmern, die weiter ausgeschnitten haben, als sie und Alva schon fertig waren.

»Du kennst die Regel«, sagt Barbro. »Wer etwas hervorholt, räumt es auch wieder weg. Beeilt euch, wir essen gleich.«

Filippa knurrt wütend vor sich hin, während sie die Papierschnipsel wegschmeißen. Die ganze Zeit überlegt Alva, wer ihr Herz bekommen soll. Sie fühlt ein leichtes Kribbeln, als sie daran denkt. Wie Limobläschen. Sie schielt zu Filippa, aber sie weiß, dass Filippa erst etwas sagt, wenn sie wieder allein sind.

Beim Essen betrachtet Alva heimlich die Jungen am Tisch. Nicht Ruben oder Joel, da ist sie ganz sicher. Die sind zu rüpelig. Aber wer dann? Ihr Blick gleitet über die Gesichter, die sie so viele Male gesehen hat. Viktor. Simon. Christoffer. Danne.

Der Platz neben Danne ist leer. Dort sitzt sonst Love.

Viktor. Simon. Christoffer. Danne. Love.

Einer von ihnen soll ihr Herz bekommen.

Love sitzt auf dem Fußboden in der Küche und hält Hoppsan im Arm. Er bohrt seine Nase in das weiche graue Fell. Die Nase des Kaninchens ist warm und trocken an seiner Wange, nicht feucht wie sonst.

»Werd bloß nicht krank, Hoppsan«, murmelt Love. »Du darfst nicht krank werden und sterben. Ich liebe dich doch.«

Das Kaninchen wühlt ein bisschen in Loves Arm herum. Dann legt es sich zurecht, warm und schwer gegen seinen Körper. Love streicht ihm über das Fell.

Als zuerst Papa und dann Mama von der Arbeit nach Hause kommen, hat Love lange auf dem Fußboden gesessen. Seine Beine sind eingeschlafen und er hat nichts gegessen.

»Das ist wahrscheinlich nur eine kleine Erkältung«, sagt Mama. »Kaninchen können sich auch erkälten, das weißt du doch.«

»Wir warten noch einen Tag ab«, sagt Papa. »Wenn es ihr morgen noch schlecht geht, fahren wir zum Tierarzt.«

Love versucht, Hoppsan mit einem Salatblatt zu füttern. Salat frisst sie am allerliebsten, aber jetzt nimmt sie gar nichts.

»Mach dir keine Sorgen«, sagt Mama. »Entweder wird sie von ganz allein wieder gesund oder sie kriegt Medizin vom Tierarzt. Lass sie mal eine Weile schlafen und komm jetzt essen.«

Widerwillig setzt Love Hoppsan in den Kaninchenkäfig, der in einer Küchenecke steht. Obwohl er seit heute Vormittag nichts mehr gegessen hat und obwohl Papa Spaghetti mit Fleischsoße gekocht hat, ist Love nicht hungrig. Er sieht, wie sich Mama und Papa besorgt angucken. Da nimmt Love einen großen Löffel voll Spaghetti und fängt an zu essen.

»Danne und Love«, sagt Filippa auf dem Nachhauseweg vom Freizeitheim. »Ich gebe meins Danne und du gibst deins Love. Gut, dass sie Freunde sind. Falls alles klappt, ist es leichter.«

Love. Alva versucht, ihn sich vorzustellen. Er ist nicht besonders groß, ungefähr so wie sie selber, glaubt sie. Seine Haare sind etwas gelockt, die Augen braun und lieb.

Love. Warum nicht?

»Okay«, sagt sie. »Aber wie wollen wir das machen? Wollen wir einfach zu ihnen gehen und ihnen die Herzen geben?«

»Natürlich nicht«, sagt Filippa gereizt. »Wir legen die Herzen in ihre Rucksäcke, wenn sie es nicht sehen.«

»Dann müssen wir aber unsere Namen draufschreiben«, sagt Alva. »Sonst wissen sie ja nicht, von wem sie sind.«

Filippa seufzt.

»Kapierst du das denn nicht«, sagt sie, »das müssen sie selbst rausfinden.«

»Und wie das?«

»Wenn sie die Herzen finden, sind wir in der Nähe«, sagt Filippa. »Wir gucken sie ein bisschen an und lächeln und so. Flirten nennt man das. Dann verstehen sie, dass die Herzen von uns sind, und wenn sie mit uns zusammen sein wollen, sagen sie etwas.«

Das wirkt sehr kompliziert, findet Alva. Aber Filippa ist sicher, dass es so sein muss.

Dann müssen wir es wohl so machen, denkt Alva.

Love starrt auf das rote Stück Papier, das mit dem Schreibheft aus seinem Rucksack aufgetaucht ist.

Ein Herz. Auf dem Herz steht etwas in Goldbuchstaben. »Ich liebe dich.« Kein Name darunter. Er dreht das Herz schnell um. Auf der Rückseite steht: »Liebst du mich?« Auch dort kein Name.

Love schiebt das Herz unter das Heft und schielt zu Danne, der ihm schräg gegenübersitzt. Er hat doch hoffentlich nichts gemerkt? Das wäre sehr peinlich, denkt Love. Aber Danne ist mit etwas beschäftigt, das er unterm Tisch in der Hand hält. Vorsichtig beugt Love sich ein wenig zur Seite, damit er sehen kann, was es ist. Ein rotes Herz, genauso eins wie seins. Danne dreht und wendet das Herz und scheint nachzudenken.

Love spürt, dass ihn jemand anschaut. Er dreht den Kopf und begegnet Filippas Blick.

Filippa? Ist das Herz von ihr?

Aber Filippa wendet den Blick ab, kichert und stößt Alva in die Seite.

Alva ist knallrot. Filippa flüstert ihr etwas zu und Alva legt die Hände vors Gesicht, so als wollte sie sich verstecken.

Alva.

Von ihr ist es.

Love fühlt, dass seine Wangen brennen.

Alva.

Es ist ein Gefühl, als müsste sie explodieren. Als sie sah, wie Love das Herz fand, hat sie es sofort bereut. Warum macht sie dauernd, was Filippa sagt? Wenn Filippa wenigstens aufhören würde, Danne und Love so anzustarren. Jetzt wird Love bald verstehen, dass das Herz von ihr ist. Dann erzählt er es allen anderen Jungen in der Klasse und die werden über sie lachen. Die Mädchen auch, jedenfalls Jossan und Nathalie.

Ihre Wangen brennen. Sie schüttelt den Kopf, sodass ihr die Haare wie eine Gardine vors Gesicht fallen. Unter diesem Schutz kann sie in Loves Richtung spähen. Er ist mit ein paar Zetteln auf dem Tisch beschäftigt. Das rote Herz kann sie nicht sehen. Schön. Vielleicht war es ihm egal.

»Valentinstag«, sagt Jessica. »Da soll man nett zueinander sein und sich gegenseitig zeigen, dass man sich gern hat. Aber das soll man natürlich auch an den restlichen Tagen des Jahres.«

Jessica hat ein großes rotes Herz an die Tafel gezeichnet.

»Ich mag euch jedenfalls sehr gern«, sagt sie. »Euch alle. Vergesst das nicht, auch wenn ich manchmal mit euch schimpfe.« Jessica lächelt und blinzelt ein wenig, wie sie das häufig macht, wenn sie keine Brille trägt. Sie ist lieb, denkt Alva.

Filippa lächelt auch und schielt aus den Augenwinkeln zu Danne. So was nennt man wohl flirten. Alva wirft nur einen hastigen Blick zu Dannes und Loves Tisch. Sie sieht, dass Danne zurückflirtet.

Danne und Filippa kommen bestimmt zusammen, denkt Alva. Aber Love und ich nicht. Niemals.

Liebe, denkt Love, was bedeutet das? »Ich liebe dich.« Die Einzige, die das zu ihm gesagt hat, ist Mama. Und vielleicht seine indische Mama vor langer Zeit, in einer anderen Sprache, die Love nicht mehr versteht. »Ich liebe dich.« Dieselben Worte hat er gestern Abend in Hoppsans Ohr geflüstert. »Ich liebe dich, Hoppsan. Du darfst nicht krank werden und sterben.«

Love hat einen Kloß im Magen, solche Sorgen macht er sich. Aber merkwürdigerweise ist er gleichzeitig froh. Froh und ein bisschen kribblig, wie am Tag vor seinem Geburtstag. Irgendetwas geschieht. Aber er weiß nicht, was.

Alva will in der Pause nicht hinaus.

Sie möchte am liebsten verschwinden, unsichtbar werden, sich in Rauch auflösen. Sie möchte die Zeit auf gestern zurückdrehen, wie man einen Film im Videogerät zurücklaufen lässt. Wenn heute gestern wäre, würde sie kein albernes Herz ausschneiden und es auf keinen Fall in Loves Rucksack stecken. Egal, was Filippa sagen würde.

»Nun komm schon«, sagt Filippa und zerrt an Alvas Arm. »Komm, wir gehen raus.«

Alva rührt sich nicht.

»Beeil dich!«, nörgelt Filippa. »Jetzt müssen sie es uns doch sagen. Ob sie mit uns zusammen sein wollen oder nicht.«

»Lass mich«, sagt Alva. »Ich will nicht.«

Sie sagt es ziemlich laut. Jessica hat es gehört und kommt zu ihnen.

»Was ist denn los, Alva?«, fragt sie. »Fühlst du dich nicht wohl? Du siehst fast etwas fiebrig aus. Darf ich mal deine Stirn fühlen?«

Jessica legt ihre kühle Hand auf Alvas Stirn. Es ist ein schönes Gefühl. Filippa steht daneben und trippelt ungeduldig auf der Stelle.

»Nein, ich glaub, du hast kein Fieber«, sagt Jessica. »Tut dir irgendwas weh? Im Hals?«

Alva schüttelt den Kopf.

»Geh vorsichtshalber zur Krankenschwester«, sagt Jessica. »Bitte sie, deine Temperatur zu messen. Wenn du Fieber hast, komm wieder rauf, dann rufen wir deine Mama oder deinen Papa an.«

»Ich kann mit ihr gehen«, sagt Filippa.

»Das ist gut«, sagt Jessica. »Mach das.«

Love sieht Alva und Filippa durch die Tür kommen. Er sieht, dass sie auf der Treppe stehen bleiben und dass Filippa sich umsieht.

»Kommst du heute nach der Freizeit mit zu mir nach Hause?«, fragt Danne. »Ich hab ein neues Computerspiel gekriegt, das können wir ausprobieren.«

»Geht nicht«, sagt Love. »Hoppsan ist krank. Vielleicht müssen wir zum Tierarzt fahren.«

»Wie blöde«, sagt Danne, aber Love weiß, dass er nicht versteht, wie Love sich fühlt. Danne hat kein Tier und wünscht sich auch keins.

Über die Herzen, die in ihren Rucksäcken gewesen sind, haben sie nicht gesprochen.

Danne entdeckt die Mädchen auf der Treppe. Er sieht Filippa an und sie sieht ihn an. Alva guckt zu Boden, als ob sie etwas verloren hätte.

Danne stößt Love einen Ellenbogen in die Seite.

»Sie mag mich«, sagt er, »Filippa.«

»Und magst du sie?«, murmelt Love.

Danne nickt.

»Ich …«, sagt Love, »ich glaub, dass ich auch … ich meine …«

Danne hört gar nicht hin. Er geht auf die Treppe zu. Love folgt ihm und geht auf Alva zu.

Alva sieht die beiden auf sich und Filippa zukommen. Sie will fliehen, die Tür aufreißen und im Schulgebäude verschwinden oder an den Jungen vorbei auf den Schulhof stürmen, so weit weg wie möglich. Aber ihre Winterstiefel sind wie festgeklebt auf den Steinen. Sie kann nicht einmal einen Fuß anheben.

Danne und Love kommen näher. Filippa wirft Alva einen triumphierenden Blick zu.

»Jetzt kommen sie«, flüstert sie.

Als ob Alva das nicht bemerkt hätte!

Danne geht voran, Love einen Schritt hinter ihm. Näher und näher kommen sie. Jetzt hat Danne die Treppe erreicht. Jetzt steigt er sie hinauf und bleibt eine Stufe unterhalb von Filippa und Alva stehen. Love bleibt eine weitere Stufe darunter stehen.

»Tja«, sagt Danne.

»Hej«, sagt Filippa.

Das ist das Einzige, was Alva hört. Sie sieht, dass sich Dannes und Filippas Münder bewegen, und sie hört, dass sie reden, aber sie versteht die Wörter nicht. Plötzlich ist es, als ob sie in ein fremdes Land geraten wäre, dessen Sprache sie nicht versteht. Sie hält den Atem an und wartet darauf, dass es vorbeigeht, dass die Pause zu Ende ist. Sie guckt immer noch auf ihre Füße, auf die Stiefel, die an den Spitzen abgeschabt sind.

Alva versteht nicht, wie es zugegangen ist, aber plötzlich hebt sie den Blick. Sie schaut Love an, der zwei Stufen unter ihr steht. Mitten in seine braunen Augen schaut sie. Im selben Moment weiß sie es.

Da ist gar nichts, wovor sie sich fürchten muss.

Love hört die Wörter, die zwischen Danne und Filippa hin und her hüpfen wie Pingpongbälle. Während sie reden, sieht er Alva an. Sie starrt hartnäckig auf ihre Füße.

Sie mag mich nicht, denkt Love. Sie bereut es, dass sie mir das Herz gegeben hat.

Er sollte weggehen. Oder sich an dem Gespräch zwischen Danne und Filippa beteiligen. Alva einfach stehen lassen, wenn sie es so will.

Er ist fast sauer auf sie. Als ob sie ihn reingelegt hätte. Da hebt sie den Blick und schaut ihn an. Genau in seine Augen. Im selben Moment weiß er es.

Es gibt gar nichts, weswegen er sauer sein müsste.

Ob ich ihr sag, dass ich sie mag …

Ich mag wie sie lacht
und wie sie schaut.
Was sie auch macht,
was sie auch tut,
ich seh sie an
und mir geht es gut.
Ob ich ihr sag,
dass ich sie mag?

Ich möchte laut singen,
ich möchte laut pfeifen,
möchte hoch oben
nach Sternen greifen.
Wär es nicht schön,
zusammen zu sein?
Wär es nicht schön,
mit ihr zu gehn?
Ob ich ihr sag,
dass ich sie mag?

Ich möchte laut singen,
möchte vor Freude
am liebsten zerspringen.
Wohin ich schau:
Die Welt steht Kopf
– alles ist neu.
Ob ich ihr sag,
dass ich sie mag?

Ich mag wie sie lacht
und wie sie schaut,
was sie auch macht,
was sie auch tut.
Sie sieht mich an
und ich fühl mich gut.
Wär es nicht schön,
mit ihr zu gehen?
Sie sieht mich an
und ich fühl mich gut.

Ob ich ihr sag,
dass ich sie mag?

CHRISTINE VON DEM KNESEBECK

WOLFRAM HÄNEL
Lola und Glatze

Glatze. Irgendwo zwischen den Hochhäusern.

Glatze steht rum, die Hände in den Hosentaschen, und weiß nicht, was er machen soll. Er war schon im Supermarkt, aber es gab nichts, was sich gelohnt hätte. Er war auch bei Ratte, aber Ratte war nicht da. Ist wahrscheinlich mit Fischer unterwegs und Glatze hat keine Lust, sie zu suchen. Lieber würde er – ja, was eigentlich? Irgendwas machen, denkt Glatze, was vor ihm noch keiner gemacht hat. Irgendwas, was gigantisch Sinn macht.

Als sie die Hochhäuser hier gebaut haben, denkt Glatze, haben sie jedenfalls garantiert gewusst, dass das *keinen* Sinn macht. Man kann ja wohl nicht einfach einen Haufen Betonwände übereinanderstapeln und dann behaupten, dass es Wohnungen wären.

Hilft auch nichts, wenn man oben ein paar Penthäuser draufsetzt, für die, die mehr Geld haben. Man müsste die ganze verdammte Siedlung einfach in die Luft jagen und den Schuppen von seinen Eltern am besten gleich mit dazu!

Und dann erst mal ein paar Jahre abwarten.

Bis alles wieder grün ist. Birken und solches Zeug wachsen unheimlich schnell. In ein paar Jahren würde keiner mehr glauben, dass hier mal Hochhäuser gestanden haben. Und dann könnte man was Neues bauen. Alles ohne Beton, das steht fest. Holzhäuser vielleicht. Und jedes Haus müsste anders aussehen. Mit völlig verrückten Fenstern, bunt gestrichen vielleicht, und mit Bänken vor der Tür, wo man rumsitzen kann und in Ruhe miteinander reden. Und dann käme Lola vorbei und …

Verdammt, denkt Glatze, wenn Lola nur nicht so verdammt gut aussehen würde, dann wäre alles leichter. Dann könnte er einfach hingehen und sie anquatschen und irgendwas mit ihr machen. So wie früher.

Geht aber nicht. Sie sieht echt aus wie ein Fotomodell, und er? Wie 'ne Glatze eben. Wie eine saublöde Glatze. Glatze latscht zur Bushaltestelle rüber. Starrt auf den Fahrplan, ohne etwas zu sehen. Er kann sich nicht konzentrieren, weiß für einen Moment noch nicht mal, welcher Wochentag überhaupt ist. Er kriegt auch nicht die Hand aus der Hosentasche, um zu gucken, wie spät es ist. Fühlt sich leer und kaputt und ohne einen Funken Energie. Als der Bus kommt, will er einsteigen, hat den Fuß schon auf der Trittstufe, egal wohin, irgendwohin, da sieht er Lola.

Lola ist noch ein ganzes Stück entfernt, jetzt winkt sie und fängt an zu rennen, sie will den Bus kriegen, ganz klar. Glatze dreht sich zum Fahrer: »Hab's mir anders überlegt.« Fauchend schließt sich die Tür, Glatze steht alleine an der Bordsteinkante. Aber nun wäre er plötzlich doch lieber im Bus oder wenigstens auf der anderen Straßenseite, ganz cool, Hände in den Hosentaschen, so als hätte er Lola gar nicht gesehen …

»Scheiße«, sagt Lola, als sie neben ihm steht.

»Der Bus ist weg«, sagt Glatze und hat feuchte Hände. Er lehnt sich wie zufällig an das Haltestellenschild, lässig, und kriegt sogar so etwas wie ein Grinsen zustande. »Ich wollte in die Stadt«, sagt Lola.

»Der nächste Bus kommt bestimmt«, sagt Glatze und fummelt ein zerdrücktes Päckchen Zigaretten aus der Tasche.

»Bist du wegen mir wieder ausgestiegen?«, fragt Lola.

»Quatsch«, sagt Glatze viel zu schnell, »wieso denn?«

»Nur so«, meint Lola. »Und was machen wir jetzt?«

»Wieso wir?«, fragt Glatze zurück. Im gleichen Moment tut es ihm schon leid.

»Hier!« Er hält Lola die Zigarettenpackung hin.

»Ich rauche nicht«, sagt Lola.

»Ach so«, sagt Glatze und weiß nicht, was er noch sagen soll.

»Los, lass uns ein bisschen spazieren gehen«, schlägt Lola vor.

»Von mir aus«, murmelt Glatze. Erst läuft er ein paar Meter hinter Lola her, bis es ihm zu dumm wird, dann macht er zwei, drei große Schritte, jetzt ist er dicht neben ihr. Als er mit der Jacke zufällig Lolas Arm streift, vergrößert er den Abstand sofort wieder. Lola wirft ihm einen spöttischen Blick zu.

»Ist was?«, fragt Glatze.

Lola grinst und sagt: »Komm, erzähl mir irgendwas.«

»Ich denke, du wolltest in die Stadt«, sagt Glatze.

»Stimmt«, sagt Lola, »wollte ich auch. Aber dann hab ich wen getroffen, den ich von früher kenne, und jetzt erzählt er mir was aus seinem Leben und so. Wir haben uns nämlich lange nicht gesehen.«

»Ach so«, sagt Glatze wieder.

»Mann«, macht Lola und verdreht die Augen, »tu doch nicht so!« Sie bleibt stehen und packt Glatze am Arm: »Oder hast du was? Ich meine, also ich freu mich jedenfalls, dass ich dich getroffen habe. Ich wollte die ganze Zeit schon mit dir reden. Ich weiß ja gar nichts mehr von dir und früher haben wir uns doch mal ganz gut verstanden und …«

»Klar«, sagt Glatze und macht sich los, »aber das war was anderes.«

»Wieso?«, will Lola wissen und kommt dicht an Glatze heran. »Wieso war das anders? Weil wir Kinder waren, meinst du?«

»Genau«, sagt Glatze, »deshalb«, und geht schnell weiter.

»He, warte mal!«, ruft Lola und setzt hinzu: »Ich weiß ja nicht mal mehr, wie ich dich anreden soll. Die anderen sagen Glatze zu dir, ich weiß, aber …«

Glatze bleibt stehen. Er guckt Lola nicht an.

»Ich hab ja auch ’ne Glatze. So ist das eben. Geht dich gar nichts an. Ist mein Problem.«

»Verdammt, wie blöd bist du eigentlich?« Jetzt schreit Lola. »Glaubst du, ich will mich lustig machen oder was? Mann, ich bin’s, Lola! Lola Helmke, die du schon fast seit dem Kindergarten kennst!«

Ganz langsam dreht Glatze sich um. »Ich weiß, wie du heißt«, sagt er, »aber ich weiß nicht, was du von mir willst. Mir geht es gut. Du brauchst dir keine Sorgen um mich zu machen, mir geht es echt gut.«

»Dir geht es gut, ja?«, fragt Lola und packt Glatze mit beiden Händen an der Jacke. »Dir geht es ja so unheimlich gut, was? So gut, dass du kotzen musst, ich weiß, ich hab’s gesehen! Und wenn du gerade mal nicht kotzen musst, dann versuchst du, dich umzubringen. Du und diese zwei Vollidioten, mit denen du rumhängst! Ihr seid ja so geil, so supergeil, ihr …«

»Hör auf!«, schreit Glatze. »Hör sofort auf!« Er greift nach Lolas Fäusten. »Was willst du? Glaubst du, du kannst hier einfach ankommen und dumm rumquatschen? Das Ganze geht dich nichts an, ich hab es dir schon mal gesagt!«

Langsam biegt Glatze Lolas Arme auseinander, aber Lola ist stärker, als er denkt. Mit einer schnellen Bewegung macht sie sich los, und bevor Glatze reagieren kann, knallt sie ihm eine rein, dass sein Kopf zurückfliegt und er für einen Moment rot flimmernde Ringe vor Augen hat.

»Mach das nie wieder«, sagt Lola, »versuch nie wieder, mir wehzutun.« Und dann leiser: »Versprich mir das, ja?« Und sie streicht mit der Hand über Glatzes brennende Wange.

Glatze zieht eine Grimasse.

Natürlich, er kann ihr alles versprechen. Sich entschuldigen. Ich wollte dir nicht wehtun, bestimmt nicht, es war nur … Er weiß selber nicht, wieso er so sauer geworden ist. Doch, natürlich, weil sie irgendwie genau seinen wunden Punkt getroffen hat. Aber trotzdem soll sie bloß nicht glauben, dass sie nur nett zu lächeln braucht und alles ist in Ordnung. Ist es nämlich nicht. Überhaupt nichts ist in Ordnung.

Was soll er jetzt machen?

»Verdammte Soße«, sagt Glatze.

Da dreht sich Lola um und geht.

»He, warte!«, ruft diesmal Glatze. »Ich … ich erklär's dir, es ist nur, weil …« Weil ich nicht damit gerechnet habe, möchte er rufen, und weil ich glaube, ich hab mich verknallt, aber Lola geht einfach weiter, als würde er da nicht, mitten auf dem Fußweg, stehen und sich lächerlich machen.

»Verdammt«, schreit Glatze und rennt hinter ihr her und will sie festhalten, aber er traut sich nicht, also stellt er sich ihr in den Weg. Nun steht er wieder rum und weiß nicht, wohin mit seinen Händen.

»Ist okay«, sagt Lola, »vergiss es.« Sie lächelt, guckt ihn aber nicht an dabei, zum Glück. Deshalb merkt sie nicht, dass er knallrot wird und zu schwitzen anfängt. Sie sagt: »Ich wollte nur mit dir reden. Weil es mir leidtut, dass wir so lange … Weil es mich wirklich interessiert, was du so gemacht hast und so.« Und als Glatze immer noch nicht reagiert, sagt sie herausfordernd: »Okay, meinetwegen, weil *du* mich interessierst. Bist du jetzt endlich zufrieden?« Und sieht ihm direkt ins Gesicht dabei.

Glatze holt tief Luft, legt den Kopf zurück und spricht irgendwohin in Richtung Himmel, Hochhäuser, Satellitenschüsseln: »Ich hab ein paar verrückte Ideen. Wenn du willst, könnte ich dir ja mal eine erzählen.«

»Ich warte«, sagt Lola, »na los, fang an.«

»Ich hab noch nie jemandem davon erzählt«, sagt Glatze. Und dann beugt er sich plötzlich vor, packt Lolas Schulter und flüstert dicht an ihrem Ohr: »Da drüben, die Bäume, siehst du die?«

»Hä?«, macht Lola.

»Schön grün, nicht?«

»Ja«, sagt Lola und zuckt mit der Schulter, »klar, ist ja Sommer.«

»Genau«, sagt Glatze, »das ist es.«

»Das ist was?«, fragt Lola und versteht kein Wort. Glatze zeigt zum Parkplatz rüber und sagt: »Und da, was siehst du da?«

»Autos«, sagt Lola, »was sonst?«

»Genau«, sagt Glatze, »Autos. Jetzt guck sie dir genau an: rot und grün und blau …«

»… und ein gelber Lieferwagen«, ergänzt Lola. »Schön bunt jedenfalls«, nickt Glatze, »musst du zugeben. Und …«

»Sag mal«, unterbricht ihn Lola, »was soll das werden?«

»Warte«, meint Glatze, »einen ganz kleinen Moment noch, jetzt kommt es nämlich. Also, ein Baum im Sommer: schön grün. Aber ein Baum im Winter? Na, wie sieht ein Baum im Winter aus?«

»Kahl«, sagt Lola und weiß immer noch nicht.

»Kahl«, stimmt Glatze zu, »zum Kotzen. Erbärmlich. Ein erbärmliches Gerippe. Aber ein Auto im Winter?« Er spricht weiter wie ein Showmaster im Fernsehen: »Richtig, genauso bunt wie im Sommer! Und das ist es, das ist meine Idee: alle Bäume weg und nur noch

Autos hin. Was fürs Auge sozusagen. Sommer wie Winter, verstehen Sie, junge Frau?«

Einen Moment starrt ihn Lola verblüfft an. Dann fängt sie an zu lachen. »Klar, du hast recht, das ist es! Überall Autos hin, immer schön bunt, auch im Winter!« Und mit großer Geste zu einem erdachten Publikum: »Das wird die Welt verändern. Alle werden glücklich und zufrieden sein! Und wem haben wir das zu verdanken?« Mann, denkt Glatze, Lola macht mit! Wie lange träumt er schon davon, dass er irgendwie einfach nur rumspinnen kann! Wenn er Ratte oder Fischer so was erzählt hätte, hätten sie bloß blöd gelacht.

»Okay, okay«, sagt er, »war ja nur so eine kleine Idee. Ich hab noch mehr Ideen.« Und weil er gerade so gut in Fahrt ist, setzt er gleich hinzu: »Und ich schreib zurzeit auch eine Geschichte, falls es dich interessiert, so mit meinen Ideen und allem.«

»Wirklich?«, fragt Lola und klingt richtig neugierig. »Schreibst du echt eine Geschichte? Kann ich mal was lesen davon?«

Mist, damit hat er nicht gerechnet. Glatze versucht, cool zu bleiben. »Klar, Baby«, sagt er, »kannst mich ja mal besuchen kommen, wenn du willst. Les ich dir was vor.«

»Ich kann selber lesen«, antwortet Lola.

»Dann eben nicht«, sagt Glatze und geht aufs Ganze. »Dann wirst du eben nie erfahren, worum es in meinem Leben geht.«

»Okay, ich komme«, sagt Lola, »und wann?«

»Mir egal«, meint Glatze und tut so, als wäre es nicht weiter wichtig. »Heute, morgen, übermorgen.«

»Irgendwann also«, sagt Lola und grinst. Und Glatze grinst zurück und kann es kaum glauben.

KURT SCHWITTERS

An Anna Blume

Oh, du Geliebte meiner siebenundzwanzig Sinne, ich liebe dir!
Du deiner dich dir, ich dir, du mir. – Wir?
Das gehört (beiläufig) nicht hierher.
Wer bist du, ungezähltes Frauenzimmer? Du bist – bist du?
Die Leute sagen, du wärest – lass sie sagen, sie wissen nicht,
wie der Kirchturm steht.
Du trägst den Hut auf deinen Füßen und wanderst auf die
Hände, auf den Händen wanderst du.
Hallo, deine roten Kleider, in weiße Falten zersägt. Rot liebe
ich Anna Blume, rot liebe ich dir! – Du deiner dich dir,
ich dir, du mir. – Wir?
Das gehört (beiläufig) in die kalte Glut.
Rote Blume, rote Anna Blume, wie sagen die Leute?

Preisfrage:

1. Anna Blume hat ein Vogel.
2. Anna Blume ist rot.
3. Welche Farbe hat der Vogel?

Blau ist die Farbe deines gelben Haares,
Rot ist das Girren deines grünen Vogels.
Du schlichtes Mädchen im Alltagskleid, du liebes grünes Tier,
ich liebe dir! – Du deiner dich dir, ich dir, du mir. – Wir?
Das gehört (beiläufig) in die Glutenkiste.
Anna Blume! Anna, a-n-n-a, ich träufle deinen Namen.
Dein Name tropft wie weiches Rindertalg.
Weißt du es, Anna, weißt du es schon?

Man kann dich auch von hinten lesen, und du, du Herrlichste
von allen, du bist von hinten wie von vorne: „a-n-n-a".
Rindertalg träufelt streicheln über meinen Rücken.
Anna Blume, du tropfes Tier, ich liebe dir!

RAFIK SCHAMI

Liebesübungen

 Ich war vierzehn, als ich mich in Samira verliebte. Bei unserer zweiten Begegnung fragte sie mich, ob wir uns nicht irgendwo allein treffen könnten. Ich eilte mit der Frage zu meiner Freundin, der alten Hebamme Nadime. Denn ich wollte gerne mit Samira allein sein und wusste nicht, wo.

»Hier bei mir«, war Nadimes knappe Antwort.

»Bei dir?«, fragte ich entsetzt.

»Ja, wo denn sonst, in der katholischen Kirche vielleicht?«

»Und du?«

»Ich verdrücke mich für ein Stündchen zu deiner Mutter und lasse mich mit Kaffee und Klatsch so lange verwöhnen, bis du mir den Schlüssel bringst.« Sie lachte laut.

Bis heute weiß ich nicht, wie mir die nächste Frage über die Lippen gestolpert kam: »Und was machen wir dann hier?«

Nadime verstand mich nicht recht. »Wen meinst du mit wir?«

»Samira und mich«, sagte ich und zitterte bei der Vorstellung, ich könnte mich vor dem Mädchen blamieren.

»Ach so!« Die Hebamme wunderte sich über meine Verlegenheit. »Komm doch zu mir heute Nachmittag um drei. Ich muss erst noch zu einer Entbindung und dann einen Besuch bei einer kranken Frau machen. Sie bekommt Schröpfgläser, um ihre Grippe zu vertreiben. Mittags muss ich mich ein Stündchen hinlegen. Und wenn du mich danach besuchst, sage ich dir, was du mit Samira hier machst.«

Gegen drei war ich da, doch Nadime war gerade erst aufgestanden.

»Eine schwere Geburt war das. Ein bildhübsches Baby, von zwei Monstren gezeugt. Aber wer weiß, Kinder verändern sich beim Wachsen sehr«, sagte sie und stand auf, um mit mir in ihren kleinen Innenhof zu gehen, der über und über mit Blumen und Zitronenbäumen bewachsen war. Sie setzte sich auf ein rotes Sofa neben dem kleinen Springbrunnen und sagte, mehr zu sich als zu mir: »Mal sehen, wie du Samira empfangen willst.«

Eine Tortur folgte. Wirklich! *Liebesübungen* nannte Nadime die folgenden Stunden.

Wir lernen in der Schule alles. Jeden unnützen Unsinn, aber nicht das Allerwichtigste: den ersten Schritt in der Liebe. Wir tappen wie unsere Ururgroßeltern im Dunkeln und hoffen, dass es irgendwie klappen wird. Welch ein Glück hatte ich jedoch mit Nadime. Sie führte mich Schritt für Schritt auf dem Pfad der Liebe entlang.

»Nehmen wir an, ich bin Samira«, sagte sie. »Ich klopfe an die Tür und du rufst ›Herein‹ und ich komme durch diesen Korridor zum Innenhof. Was machst du?«

Ich saß auf dem Sofa. »Ah, Samira? Bist du da?«, sagte ich allen Ernstes.

»Was soll das?«, sagte Nadime. »Natürlich ist sie da. Noch einmal. Lass dir was einfallen!«

Nadime verschwand im Korridor und ich hörte sie bald »Tock, tock, tock« rufen.

»Herein«, gab ich zurück und konnte mein Lachen nur mühsam unterdrücken. Nadime stürmte herein, dabei wäre sie beinahe in die Rosenhecke gestürzt, weil sie mit Schwung in den Hof gelaufen kam. Ich sprang ihr entgegen, stolperte über einen Hocker und fiel lachend zu Boden.

»Das ist ja wunderbar, bald setzen wir unseren Unterricht über die Liebe im Krankenhaus fort.« Nadime lachte schallend, dann half sie mir aufzustehen und streichelte mir die Wange. »Noch einmal«, bat sie höflich. Ich kehrte auf das Sofa zurück, sie in den Korridor. »Tock, tock, tock!«

»Herein«, gab ich zurück, stand auf und lief ihr entgegen. Noch bevor sie in den Hof trat, flüsterte ich: »Samira, schön, dass du da bist«, und nahm sie zärtlich an die Hand, um sie zum Sofa zu führen. Nadime folgte willig.

»Sehr schön, begabter Junge«, sagte sie. »Nicht mehr und nicht weniger. Das kommt schon wunderbar an.«

»Und jetzt?«, fragte ich hilflos.

»Alles, nur nicht schweigen. Du musst Samira etwas sagen, mit sanfter Stimme und schönen Worten.«

»Ja, genau«, sagte ich. Mir war es etwas peinlich, Nadime anzuschauen und sie als Samira anzusprechen.

»Du siehst blendend aus, Samira. Was hast du zuletzt für einen Film gesehen? War die Fahrt mit dem Bus oder dem Taxi anstrengend?«

»Wie? Willst du sie auch noch nach dem Wetter und dem Dollarkurs fragen? Nein, nein, mein Freund, so geht das nicht! Du musst ihr ganz knapp sagen, was du für sie fühlst und wie sehr du dich freust, dass sie gekommen ist, und dann kannst du ihr was zum Trinken anbieten. Filme und andere Ablenkungen vergisst du bei solchen Gelegenheiten. Sie zerstören die Begegnung.«

»Was? Ich soll ihr in deinem Haus etwas zum Trinken anbieten? Das geht doch nicht. Fehlte nur noch, dass wir hier essen«, protestierte ich.

»Selbstverständlich darfst du mit Samira hier essen und trinken, mein Kleiner. Was sonst willst du ihr anbieten? Einen Rosenkranz, damit sie Hunger und Durst wegbetet? Nein, wenn du mich lieb hast, musst du Samira verwöhnen, damit sie noch einmal kommt. Der Kühlschrank ist voll, kümmere dich nicht wie ein Geizkragen um das Geld, sondern um Samira. Und nun bewirte mich, bitte schön, oder ich spiele Samira nicht mehr.«

Ich holte aus dem Kühlschrank Limonade für sie und Wasser für mich. Sie trank, stellte das Glas zurück und fragte, fast in sich versunken: »Und nun, was würdest du nun machen?«

Ich wusste keine Antwort.

»Deine Hand muss zu einem leichten, schüchternen Vogel werden, der sie immer wieder anschwärmt und leicht liebkost, ohne sie zu belästigen.«

»Ja, genau«, sagte ich.

»Was heißt, ja genau«, empörte sie sich. »Zeig mir gefälligst, wie du das machen willst.«

Ich nahm sie in den Arm und drückte sie fest an mich. »He, he, Junge, halt, ich kriege keine Luft mehr«, hörte ich sie röcheln. »Liebe leidenschaftlich, ja – aber nicht erwürgen, bitte«, fügte sie hinzu und zeigte mir, wie man einander zärtlich umarmt.

Es waren harte Stunden der Übung und ich war am Ende erschöpft. Nadime schien Vergnügen daran zu haben und war sehr geduldig mit mir. Wir wiederholten diese Lektion bei jedem Besuch in den nächsten Tagen, bis ich wirklich verstanden hatte, was Liebe und Zärtlichkeit ist.

Sehnsucht

Sehnsucht kommt von sehnen suchen
Sehnsucht kommt von ganz allein
wer schon will die ganze Zeit
nur mit sich zusammen sein

WALTHER PETRI

Lieben heißt

Lieben heißt
das
Rechnen verlernen:

Eins plus Eins gleich Eins
Eins minus Eins gleich Zwei
Eins mal Eins gleich Unendlich
Eins durch Eins gleich Glücklich.

ROBERT GERNHARDT

Geheimplätze und Herzschmerz

SYLVIA PLATH

Ein Tag im Juni

 Es gibt einen Tag im Leben, den du nie vergisst, so sehr du es auch versuchst. Wenn der Sommer wiederkehrt und es warm genug ist, um paddeln zu gehen, fällt er dir ein. Beim ersten blauen Junitag ist die Erinnerung da, leuchtend, kristallklar, wie durch Tränen gesehen…

Du gehst mit Linda zum ersten Mal in dieser Jahreszeit zum See, um zu paddeln. Ihr geht hinunter zum Bootshaus… zu dem Anlegesteg aus faulenden Planken, die sich zum Wasser neigen… zu den leeren Paddelbooten, die wie flache, schwimmende grüne Erbsenschoten wartend daliegen.

Wackelig steigst du in den Bug, während Linda das Ruder nimmt, und die ganze Zeit tänzelt und hüpft das leichte Boot unter dir, ungeduldig, fortzukommen. Es ist einer dieser vollkommenen Tage im Juni, die du immer zu beschreiben versuchst, aber es gelingt dir nie. Nimm den Geruch von frisch gewaschener Wäsche; von trocknendem Himmelstau nach einem Regen; nimm die huschenden Bewegungen des Sonnenlichts auf der Wiese; den kühlen Geschmack von Minze auf der Zunge; das klare Leuchten der Tulpen im Garten; grüne Schatten, sich ins Gelb lichtend, ins Blau verdichtend… der strahlende Glanz… die heiße Berührung der Sonne auf deiner Haut… blendende Sonnenpfeile, die vom tiefen gläsernen Blau des Wassers abprallen… die Heiterkeit…Blasen steigen auf, platzen…die gleitende Bewegung…der fließende Gesang des Wassers hinter dem Bug…die tanzend wechselnden Farbsprenkel: all dieses zum Lieben, zum Verehren. Nie wieder solch ein Tag!!

Du paddelst zu einer Bucht… du treibst… du lehnst dich zurück und schließt die Augen vor dem Sonnenlicht, heiß liegt es auf deinen Lidern… du blinzelst in die Sonne und auf deinen Wimpern spannen sich Netze von Regenbögen. Eingelullt durch das gleichmäßige Lecken der Wellen am Kiel, das Schaukeln… das Gleiten… treibt ihr ans Ufer.

Plötzlich hört ihr Stimmen… unverwechselbar… Stimmen von Jungen. Ein

Schauder der Erregung ist in deinen Adern, eine überraschende Gespanntheit. Hellwach seid ihr auf einmal. Abenteuer sind in Sicht. Du glättest dein Haar und schaust verstohlen um dich. Tatsächlich … ein anderes Boot fährt hinter euch am Ufer entlang … zwei Jungen … Wie kann man die Fahrt verzögern? Wie zufällig anhalten?

Die steile Böschung, der ihr entgegentreibt, ist mit Rhododendren bedeckt … verführerische Büschel scharlachroter und weißer Blüten hängen über dem See und werfen dunkle Schatten auf das Wasser. Mit bebender Stimme sagt Linda: »Lass uns Blumen pflücken.« Das reicht… vier Worte… und ihr beide versteht euch völlig. Du stellst dich im Boot auf, gefährlich schaukelnd und kichernd, als du dich reckst und die Blüten abreißt… rücksichtslos die Zweige abbrichst… ihr lacht die ganze Zeit… vielleicht ein bisschen zu aufgedreht, aber ihr lacht, pflückt die Blumen und sehnt euch danach, über die Schulter zu blicken, wagt es aber nicht. Eine köstliche Aufregung summt die ganze Zeit in dir.

Die Stimmen werden lauter. Einen hört ihr sagen: »Lass uns rüberpaddeln, die Mädchen besuchen.« Ihr pflückt den Rhododendron jetzt sorgfältiger, seid bewusst um Grazie und Gleichgültigkeit bemüht. »Hallo, ihr«, ruft eine warme männliche Stimme hinter euch. Mit vorgetäuschter Überraschung fahrt ihr herum. »Oh, hallo…« Du tust atemlos und kippst beinahe das Boot, als du dich hinsetzt. Und jetzt? Nervös fragst du dich, wie es weitergehen wird. Aber das Weitere ergibt sich von allein. Du siehst zu Linda, die in aufgeregter Fröhlichkeit kichert und ihr blondes Haar aus den Augen schüttelt. Du siehst zu den beiden Jungs… von nahem nicht so gut aussehend … aber nett.

Die Boote schaukeln, bedeutungsloses Geplauder geht hin und her. Du denkst zurück und kannst dich nicht einmal an deine Worte erinnern. Aber ihr lacht…wisst, dass sie euch niedlich finden …wisst, dass sie euch nett finden. Ihr stachelt die Jungs auf, wer von uns kann schneller paddeln? Sie schauen sich lachend an. Wollen wir um die Wette, schlagt ihr vor. Oh, nein, das wäre nicht fair. Einer wird für dich paddeln. Du protestierst vergnügt. Sie bestehen darauf. Heimlich hoffst du, dass der dunkelhaarige Typ zu dir kommt… Leichtfüßig steigt er in euer Boot und nimmt das Ruder. Buck heißt er. Don, der andere Junge, lässt einen gespielten Seufzer los: »Ich kann nicht allein paddeln.« Er guckt Linda an. Geschmeichelt tut sie, als zögere sie, und fragt: »Soll ich?« Aber sie steigt auch um und alles ist vollkommen.

Ihr sitzt den Jungs gegenüber, lehnt euch in die Kissen und tauscht heimliche Blicke befriedigten Stolzes. So etwas ist noch nie vorher passiert. Keiner der Jungs aus der Schule ist je so nett zu euch gewesen. Du konzentrierst dich auf Buck. Er ist dünn und blass, mit dunklen Augen und strähnigem, schwarzem Haar, aber du bemerkst sein ungekämmtes Haar, seine Blässe nicht; du siehst nur seine Augen. Hier ist ein Junge… paddelt dein Boot… er mag dich. Sofort ist Buck mit einem träumerischen Schleier umhüllt. Mit jeder Minute wird er anziehender. Du schiebst den bohrenden Gedanken »Was werden die Leute sagen?« beiseite. Du lachst dauernd, gibst dich geheimnisvoll und, wie du findest, kokett.

Die Strahlen der Sonne werden jetzt kühler. Du kannst die Dämmerung nicht zurückdrängen. In der Ferne taucht das Bootshaus auf. Die unausgesprochene Frage erhebt sich gleichzeitig zwischen euch vieren… wie soll man zahlen? Du hast den unangenehmen Gedanken, die Boote wieder zu tauschen und allein weiterzufahren, aber ein alberner, launischer Teil von dir ist dagegen. Warum nicht seine Macht erproben? Warum nicht?

»Was kostet euer Boot?«, fragt Buck kurz. Wieder tauschst du mit Linda einen Blick und ihr seid euch einig. »Kostet?«, stammelst du unschuldig. » Muss man das bezahlen?« Es dauert eine Weile, bis ihr die Jungen überzeugt habt, dass ihr ohne Geld seid, aber ihr versteckt die Geldbörsen in den Taschen und haltet euch an die Spielregeln. Buck paddelt voraus und fragt dich mit starrem, brennendem Blick: »Und was hättet ihr gemacht, wenn wir nicht vorbeigekommen wären?«

Du siehst ihn an, innerlich schüttelt es dich, Glut hämmert in deinen Schläfen. Jetzt wird es ein wenig zu ungemütlich. Tränen verlegenen Zorns trüben heiß und nass deine Augen, salzig beißend. Wunderbarerweise wird sein Gesicht sanft. »He, Mensch, nicht weinen. Ich zahl für uns. Ich will bloß nicht, dass die wissen, dass ich Geld hab.« Du fühlst dich mies, sehr klein und gemein angesichts solcher Großzügigkeit. Du möchtest sagen: »Tut mir leid, es ist alles ge-

logen«, aber die Worte kommen einfach nicht heraus. Er vertraut dir jetzt. Sein Gesicht ist freundlich und du kannst… willst …das nicht ändern, indem du ihm die Wahrheit sagst. »Oh, Buck«, das Gefühl würgt dich. »Hilf mir da raus, wenn wir ankommen, so, als wärst du ein alter Freund, dann denkt der Mann, dass wir uns alle schon ewig kennen.«

»Klar doch«, sagt er. Das Boot gleitet an den Landesteg, wo der Mann schon wartet. Du kannst ihn nicht ansehen. Mit abgewandtem Kopf kletterst du auf den Steg, kaum dass du merkst, dass Buck dir hinaufgeholfen und den Mann bezahlt hat. Du stürzt davon, beschämt, hasst dich selbst. Er ruft dir nach. Linda und Don sind eben zusammen angekommen. Ihr geht nebeneinander und die Jungen folgen euch in dem grünen Dunkel des Waldwegs mit den langen kühlen Schatten.

Ihr flüstert. Was kann man machen? Wie könnt ihr gutmachen, dass ihr so gemein gewesen seid? Ihr geht schneller. »Versuch nicht abzuhauen«, sagt Buck ruhig hinter dir. Deine Beine schlottern in unsinniger Panik. »Ich werd es ihnen sagen«, wispert Linda dir zu.

»Nein«, zischst du hitzig zurück. Wie kannst du ihr erklären, wie es steht … dass Buck dir vertraut? Alles würde verdorben… zerstört werden. Aber Linda hat sich schon umgedreht. Alle bleiben stehen. Der Nachmittag ist schwer vom Warten. Du möchtest schreien, ihre reuige Stimme übertönen, als sie zu Buck und Don sagt: »Wir haben nur Spaß gemacht, wir haben Geld dabei, und damit ihr seht, dass wir nicht ganz gemein sind, zahlen wir euch das jetzt zurück.«

Die Stille ist ekelhaft. Buck kann man jetzt nicht ansehen und Linda nicht sagen, was sie angerichtet hat. Wie kann sie noch weitermachen? Aber sie kann. »Wenn wir euch das Geld geben, lasst ihr uns dann allein?«

Bucks Stimme ist gefährlich ruhig. Er sagt zu dir, allein zu dir: »Dann war das vorhin im Boot alles Theater?«

Deine Augen sind starr auf die Straße geheftet. Ein merkwürdig hoher Ton schrillt in deinen Ohren. Du nickst, wortlos. Um dich zerspringt der Nachmittag in Millionen Glassplitter. Schadenfroh steigen sie in grünen, blauen und gelben Farben auf, tanzen und wirbeln um dich herum … erstickende, glimmende

Farbflocken. Du nimmst wahr, dass die Jungen das Geld genommen haben und sich, kleiner und kleiner werdend, auf der Straße entfernen.

Du bleibst mit Linda stehen und ihr schaut ihnen nach. Es ist etwas so Endgültiges um jemand, der eine Straße hinunter verschwindet, sich nicht umdreht, nicht zurückblickt. Linda seufzt mit Befriedigung. Sie hat getan, was nötig war, und betrachtet den Vorfall also als erledigt. Aber du, du gehst langsam neben ihr her, sagst nichts.

Wie kannst du je erklären, wie es war. Wie kannst du je erklären, dass du mit mehr betrogen hast als nur mit Geld. Es ist etwas so Trostloses, so Endgültiges um eine leere Straße. Du gehst weiter, sagst nichts.

Das Glück

Das Glück, das klopfte bei mir an,
stand vor der Tür und wollt' herein;
ich hab ihm doch nicht aufgetan,
da mocht's nicht länger draußen sein.

Es ging so leise, wie es kam.
Ich hört' es nicht, ich sah es nicht,
doch fühlt' ich, wie es Abschied nahm.
In meiner Brust erlosch ein Licht.

LUDWIG THOMA

Liebesgedicht

Kröten sitzen gern vor Mauern,
wo sie auf die Falter lauern.

Falter sitzen gern an Wänden,
wo sie dann in Kröten enden.

So du, so ich, so wir.
Nur – wer ist hier welches Tier?

ROBERT GERNHARDT

JUTTA RICHTER

Die Lückenbüßerin

 Immer wenn Paula kam, war ich abgemeldet. Dann hatte Herbert plötzlich keine Zeit mehr. Dann saß ich auf der Bordsteinkante und zählte die Steinchen im Rinnstein. Paula war dreizehn, hatte richtige Brüste und einen langen schwarzen Zopf, der ihr fast bis zum Po reichte.

Ich war zwölf und flach wie ein Brett und Mama erlaubte mir nicht, die Haare wachsen zu lassen. »Weil das unpraktisch ist«, sagte sie, »und außerdem stehen dir kurze Haare viel besser!«

Herbert war mein erster Freund. Zwei Tage nachdem er in unser Haus gezogen war, hatten wir uns auf der Treppe getroffen und Herbert hatte gegrinst und gefragt: »Wie heißt du denn, Prinzessin?« Da war ich rot geworden, weil ich ihn durch die Gardine beobachtet und mir vorgestellt hatte, wir würden miteinander gehen. Er sah ein bisschen aus wie John Lennon, hatte große braune Augen, trug einen grünen Parka und verwaschene Levis. Prinzessin hatte mich noch keiner genannt.

»Meinst du mich?«, fragte ich, um Zeit zu gewinnen.

»Siehst du noch eine Prinzessin hier?«

Ich war mir saublöd vorgekommen, als ich den Kopf schüttelte.

»Ich heiße Anna«, hatte ich gestammelt und war weggerannt.

»Ey, warte doch«, rief er, aber da hatte ich schon die Haustür hinter mir zugeschlagen.

So fing alles an. Und es wurde ein Wahnsinnssommer. Jeden Tag hitzefrei und der Himmel so blau wie ein Pfefferminzbonbon.

Wir hatten den gleichen Schulweg. Am nächsten Morgen wartete Herbert vor der Haustür auf mich. »Na, Prinzessin, nimmste mich mit?«

Ich zeigte ihm die Abkürzung die Bahngleise entlang und erklärte, dass wir so fünf Minuten einsparten. »Nur wenn ein Zug kommt, müssen wir uns an den Zaun drücken.« Während ich das sagte,

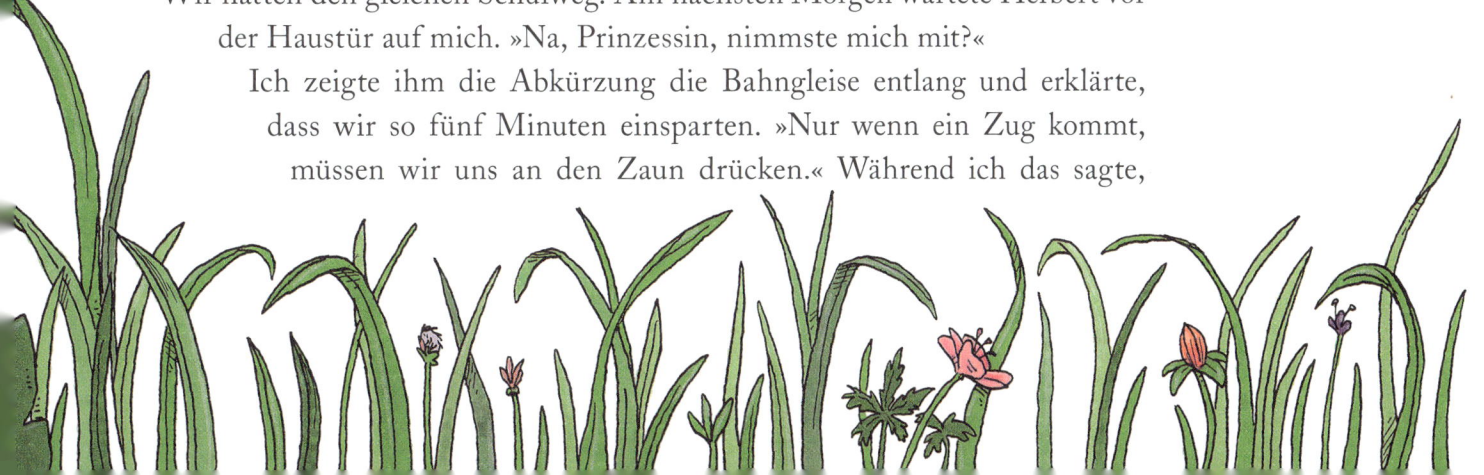

hoffte ich, dass jetzt ein Zug käme, und ich hatte Glück. Die Gleise fingen an zu summen. Ich nahm Herberts Hand und zog ihn zum Zaun. Es war ein Schnellzug. Er stampfte und fauchte und zischte und der Fahrtwind fuhr uns ins Haar. Wir standen ganz dicht aneinandergepresst und hielten uns fest. Ich konnte Herbert riechen. Er roch nach Tabak und Odol. Ich mochte diesen Geruch.

Mein Herz klopfte wie verrückt und ich wusste, jetzt war ich verliebt.

»Deine Abkürzungen sind ganz schön aufregend«, sagte Herbert, als der Zug durch war.

»Wir können ja morgen den normalen Weg gehen«, entgegnete ich.

»Lebensgefährliche Abkürzungen sind mir lieber«, grinste Herbert. »Da kann ich Prinzessinnen in den Arm nehmen.«

Ich ging wie auf Wolken. Nachmittags zeigte ich ihm meine Geheimplätze. Die große Waldwiese und das Blutbuchenzelt. Dort lagen wir im Gras und er kitzelte mich mit einem Halm, bevor er mir kleine, weiche Küsse in den Mund zählte. Ich hätte platzen können vor Liebe. Alles war leicht und schön und ich war wirklich und wahrhaftig eine Prinzessin. Eine Prinzessin, flach wie ein Brett, mit kurzen Haaren und Sommersprossen.

Und dann kam Paula.

An einem Freitagnachmittag stieg sie mit ihren Eltern aus einem flaschengrünen Mercedes, schleuderte ihren Zopf mit einer heftigen Kopfbewegung in den Nacken und umarmte Herbert und küsste ihn auf die Wangen, so wie es die Franzosen tun. Ich stand oben am Fenster hinter der Gardine und sah zu. Herbert hatte offensichtlich auf sie gewartet. Jetzt legte er den Arm um ihre Schulter und führte sie ins Haus.

Dieses Wochenende war das erste Wochenende ohne Herbert. Die Sonne schien wie verrückt. Die Schwalben flogen hoch, die Abendglocken läuteten und der Himmel wurde violett. Und ich saß in meinem Zimmer und wartete auf das Schellen der Türglocke.

Herbert kam nicht.

Am Sonntag sah ich, wie er Hand in Hand mit Paula die Straße hinunterging.

Irgendetwas in mir krampfte sich zusammen. Ich war wie versteinert. Ich glaubte, mich nicht rühren zu können, und eine Stimme in mir sagte: Jetzt zeigt er ihr deine Geheimplätze. Die große Waldwiese und das Blutbuchenzelt. Und er wird sie Prinzessin nennen und ihr die weichen, kleinen Küsse in den Mund zählen, nachdem er sie mit einem Grashalm gekitzelt hat.

Paula sah aus wie eine Prinzessin. Weiß wie Schnee, rot wie Blut und schwarz wie Ebenholz. Wie gemalt im Märchenbuch.

Und wenn er mich auch so genannt hatte: Ich war keine wirkliche Prinzessin. Mit meinen kurzen Haaren, flach wie ein Brett und mit Sommersprossen. Ich hatte immer gewusst, dass ich keine Prinzessin war.

Am Sonntagabend stieg Paula mit ihren Eltern wieder in den flaschengrünen Mercedes. Sie küssten sich, wie die Franzosen es tun, und Herbert stand am Straßenrand und winkte, bis das Auto um die Ecke verschwunden war. Dann senkte er den Kopf und ging ins Haus zurück.

Zehn Minuten später läutete unsere Türglocke.

»Na, Prinzessin«, sagte Herbert, »kann ich reinkommen?«

Ich schluckte und nickte. Ich tat so, als ob nichts geschehen sei.

Herbert redete. Er redete darüber, was Paula gesagt hatte, was Paula gemeint hatte, wie Paula die Sache sieht … In jedem zweiten Satz fiel ihr Name. Und je öfter er fiel, desto stiller wurde ich.

»Nächstes Wochenende kommt sie wieder«, sagte Herbert. »Du musst sie unbedingt kennen lernen!«

»O ja«, log ich, »ich möchte sie wirklich kennenlernen!«, und ich spürte, wie ein riesengroßer Zorn in mir wuchs.

Eine Lückenbüßerin, dachte ich. Das also bin ich: eine Lückenbüßerin! Er wartet auf Paula, und solange sie nicht da ist, bin ich die stellvertretende Prinzessin!

Als Herbert endlich gegangen war, beschloss ich, eine Prinzessin zu werden: mit Sommersprossen und kurzen Haaren. Ich begrub meine alten Geheimplätze. Ich würde neue Plätze finden. Ich würde alles neu erfinden: die ganze Welt!

Und das behielt ich für mich.

Von mir aus

Ich habe zwei kleine Kieselsteine gefunden,
die waren so grau wie deine Augen.

Ich habe meine Hand in ein Wasser gehalten,
das war so weich wie deine Haut.

Mir hat ein Wind ins Gesicht geweht,
der war so warm wie dein Atem.

Ich habe mir ein kleines Feuer angezündet,
das war so rot wie deine Haare.

Ich habe einen glänzenden Käfer gefangen,
der war so schwarz wie deine Seele.

Jetzt brauchst du nicht mehr bleiben,
jetzt kannst du gehn.

CHRISTINE NÖSTLINGER

ZORAN DRVENKAR

Gehenlassen

Es war früh, höchstens elf Uhr, und elf Uhr ist am ersten Januar eine Zeit, zu der die klugen Menschen schlafen und sich denken, den Rest des Jahres kann ich froh sein, wenn ich etwas Schlaf finde.

Nicht Terris Eltern.

Sie saßen um einen Esstisch, der vollgeladen war mit duftenden Brötchen. Terri führte mich ins Haus, als ob ich eine Einladung bekommen hätte. Ich zog meinen Mantel aus. Schön warm war es hier.

Die Mutter erinnerte sich ohne Probleme an meinen Namen.

»Bist du hungrig?«, fragte sie.

Ich bekam einen Teller und setzte mich neben Terri. Der Vater war unrasiert, was ihn anders aussehen ließ als an Terris Geburtstag. Viel menschlicher.

»Na, junger Mann«, sagte er und war wieder unmenschlich, »wie sieht denn deine Zukunft aus?«

Terri verdrehte die Augen und lachte, die Mutter lachte wie ein kaputter Springbrunnen und auch ich lachte und biss kräftig in mein Brötchen. Es war innen noch heiß, der Speichel begann, sich in meinem Mund zu sammeln, so lecker war das.

Ich schluckte runter, alle sahen mich erwartungsvoll an.

»Lecker«, sagte ich, aber das war es nicht, was sie hören wollten.

»Weiß nicht«, sagte ich, »vielleicht Koch werden oder Bücher schreiben, eins von beidem.«

Terri nickte, sie kannte meine Träume, sie fand sie toll.

»Das ist zumindest ein Ziel«, ließ mich der Vater wissen, »unsere Kleine hier weiß noch immer nicht, was sie möchte.«

»Aber, Papa, ich …«

Sie scherzten und alberten wie eine Familie vor der Fernsehkamera. Kakao landete in meinem Magen, ohne dass ich mitbekam, ihn getrunken zu haben, und die nächste Sekunde standen Terri und ich draußen in der Kälte und sie sagte: »Ist das nicht schön, ein neues Jahr zu zweit anzufangen?«

Ich blinzelte in das grelle Licht. Um Mitternacht hätte ich Terris Spruch verstanden, zwölf Stunden später war er für mich so leer wie der Park, durch den wir spazierten.

Ich konnte ihr nichts darauf antworten.

»Worüber wolltest du reden?«

Ich sagte es ihr nicht, ich wollte erst in der Sicherheit unseres Versteckes sein, bevor ich ihr meine Gedanken erzählte. Dafür waren Verstecke da, um sich vor anderen zu schützen, und manchmal auch, um Schutz vor sich selbst zu finden. Bei der Parkbank hinter den Büschen, die schneebeladen waren und tief herunterhingen, schnappten wir uns die zwei Tannenzweige. Niemand hatte sie geklaut, wie durch ein Wunder lagen sie noch immer unter der Parkbank. Mit den Zweigen kehrten wir zurück zum Weg. Wir bewegten uns Seite an Seite rückwärts und verwischten unsere Spuren. Sie ihre, ich meine. Niemand wusste jetzt, wo wir waren. Danach saßen wir aneinandergekuschelt und schauten auf das Eis hinaus. Eine Viertelstunde verging. Terri dirigierte meine Hand unter ihre Jacke, ich ließ sie ruhig auf ihrem Bauch liegen, der wie ein Ofen glühte. Zehn Minuten.

»Schau mich an«, sagte Terri.

Ich schaute sie an.

»Und?«, fragte sie.

Ich nahm den Blick nicht von ihr und sagte:

»Ich kann nicht auf dich aufpassen.«

Das war ein Anfang, den ich so nicht bringen wollte. Mein Mund tickerte die Worte heraus, es kam, was kommen sollte.

»Ich kann und will nicht auf dich aufpassen«, wiederholte ich.

Verstand sie, wovon ich sprach? Verstand ich es? Alles, was ich verstand, war, dass ich kaum auf mich selbst aufpassen konnte.

»Ich kann kaum auf mich selbst aufpassen«, gestand ich ihr, »du bist einfach zu viel für mich. Ich … ich kann nicht an dich denken und dabei ich sein.«

Terris Augen waren geweitet, ich plapperte wie ein Irrer, wie jemand in einem russischen Film ohne Untertitel. Ich konnte ihren Blicken ansehen, dass sie abwartete, ob ich Witze machen würde.

»Unsinn«, sagte Terri endlich, »das ist doch nur eine Ausrede, nichts als eine Ausrede, weil du nicht mehr mit mir zusammen sein willst.«

»Wir waren nie zusammen.«

»Weil du es nicht wolltest.«

»Ich …«

Sie hatte recht.

»Es ist eine Ausrede«, wiederholte sie.

»Nein«, sagte ich.

»Doch«, sagte sie.

Ihr Bauch verschwand unter meiner Hand, wir waren auf Abstand.

»Was ist es dann?«, fragte Terri leise.

Ich sah sie nur an. Ich wusste es nicht, es waren nur leere Worte in meinem Kopf.

»Sag mir die Wahrheit, sei ehrlich.«

»Genau das, was ich …«

Ihr Kopfschütteln unterbrach mich, sie glaubte mir nicht, also wollte ich ihr

von meinem Traum erzählen, davon, dass ich ihn endlich verstanden hatte. Terri, wollte ich sagen, ich war in deinem Kopf, in deinen Gedanken. Ich weiß etwas, was du nicht weißt.

»Terri«, sagte ich und griff mir ihre Hand. »Es geht nicht.«

»Was geht nicht? Sag es«

»Mit dir und mir, es geht nicht.«

»Was geht nicht?«

»Wir … ich kann nicht mehr, ich … Erinnerst du dich, wie deine Mutter an deinem Geburtstag ein Foto von dir gemacht hat, während ich danebenstand? Weißt du, wie sehr du da gestrahlt hast? Du warst ein Engel. Du warst so schön. Und da habe ich begriffen, dass ich dich nie so … so glücklich machen werde, dass ich es einfach nicht kann. Deswegen muss ich weg.«

»Das ist Kitsch«, sagte sie. »Das ist pathetischer Kitsch.«

Ich hatte keine Ahnung, wovon sie sprach, also redete ich weiter:

»Egal wie du es nennst, das Wichtige ist, dass ich weiß, dass … dass ich weiß, ich kann das nicht, ich werde dich nie so strahlen lassen. Und … Ich glaube, das ist wichtig.«

»Dass ich strahle?«

»Ja, dass du strahlst.«

»Du willst mich nicht wiedersehen, ist es das?«

»Richtig«, log ich.

»Keine Treffen mehr, keine … wir küssen uns nicht, wir tun so, als ob wir uns nicht kennen würden … das?«

»Ja«, log ich.

Ihr Mund zitterte und beruhigte sich, ihr Haar war fest und starr, es tanzte nicht um ihren Kopf herum, es lag still. Ich wandte mich ab und musste aufs Eis blicken, um von ihrer Schönheit nicht zerstört zu werden. Ich durfte sie nicht zu lange ansehen, sonst durchschaute sie meine Lügen, deckte sie auf und ich kam nie mehr von ihr los. Wo auch immer ich hinwollte, ich war auf dem Weg dorthin.

»Mit dir«, sagte ich und verstummte.

»Was?«

»Mit dir«, setzte ich ein zweites Mal an, »habe ich das gute Gefühl, ich zu sein. Weißt du, als ob ich dich schon lange kennen würde. Sehr lange. Ein ganzes Leben lang, verstehst du? Ich habe ein … ich traue dir, zwischen uns ist nichts Fremdes und das macht mir … Weißt du, *das* macht mir Angst.«

»Aber wie kann dir etwas Gutes Angst machen?«

Weil ich Angst habe, dass du eines Tages deine Hand nicht mehr in meine legen wirst, war eine Antwort, die ich ihr hätte geben können.

»Ich weiß nicht«, war eine andere, die ich ihr gab.

»Du bist in mich verliebt«, sagte Terri.

»Ich bin in dich verliebt«, sagte ich.

»Und dennoch gehst du weg.«

»Und dennoch gehe ich weg.«

»Weil du Angst hast.«

»Ja.«

»Weil du vor mir Angst hast.«

»Ja.«

Ich sah sie an, sie sah aufs Eis.

»Weil du vor mir Angst hast«, wiederholte sie leise.

»Ich kann es nicht erklären, Terri, ich … ich gehe jetzt«, sagte ich und beugte mich vor, um ihr einen Abschiedskuss zu geben. Ich musste weg. Schnell. Mein Kopf funktionierte nicht mehr richtig. Ich hing fest, hing mit Sekundenkleber an diesem Mädchen. Flucht war das Einzige, was mich retten konnte. Sich losreißen. Mit Schmerz.

Hatte ich gedacht, ihre Wange müsste eiskalt sein, so war sie warm und weich unter meinen Lippen, dass mich eine Sehnsucht überkam, die tief in mir ein Echo hinterließ.

Ich werde diese Wange nie wieder küssen, dachte ich.

Ich habe dieses Mädchen für immer verloren, begriff ich. Ich bin der größte Idiot, der je gelebt hat.

Mit diesem letzten Gedanken stand ich auf, und als ich ging, als ich die Parkbank und den vereisten See hinter mir ließ, blieben die Spuren meiner Stiefel im Schnee zurück und ich dachte keine Sekunde daran, mir einen der Tannen-

zweige zu greifen, um sie zu verwischen. Der Frieden war vorbei. Ich war irre, ich war blöde. Es gab kein geheimes Versteck mehr. Es gab keinen Ruhepol, das war vorbei. Endgültig. Aus diesem Grund wollte ich, dass meine Spuren blieben, wünschte mir, dass sie nie ausgelöscht werden würden. Im Frühling sollte in ihnen kein Gras nachwachsen, die Leute sollten sich wundern, was hier geschehen war. Ob jemand vielleicht den Boden weggebrannt hat? Ob es ein Fluch war?

Ich wünschte, ich könnte es einen Fluch nennen, dabei war es nur die Zukunft, die mir Angst machte. Vielleicht war ich nur einer von vielen Angsthasen, die vor einer Liebe zurückschreckten, weil sie nicht mit ihr klarkamen, die Nähe fürchteten und deshalb in die entgegengesetzte Richtung davonliefen, ohne zu bedenken, dass diese Welt nun einmal rund war und man immer wieder an den Punkt zurückkehrte, von dem man gestartet war.

Und was wusste ich kleiner Scheißer schon von Liebe?

Mein Traum hatte mich eingeholt. Mir war klar geworden, dass Terri meine Hand nicht halten konnte, dass es einfach nicht an ihr lag, sondern an der Zeit und was sie mit uns beiden vorhatte. Also ließ ich los, ließ ich wirklich los und stakste verwirrt durch den verschneiten Park und fühlte mich kalt und erbärmlich und alleingelassen. Tief in meinem Inneren war ich ruhig und versöhnt mit mir. Und tief in meinem Inneren war ich mir sicher, einen der schlimmsten Fehler meines Lebens begangen zu haben.

Blauer Himmel

Sanft wiegt die Wiese mich in ihrem Gras
Ich lieg allein
Ich denk an dich
und sollte traurig sein

Ich spiegle mich im hohen Himmelblau
in deinen Augen nicht
Mitunter such ich in den Wolken
noch dein Gesicht

das mir der Wind verweht: bewegte Skizzen
die ich verwischen kann
Ich denk an dich und halte das Vergessen
noch einmal an.

ULLA HAHN

PER NILSSON
Regeln für die Liebe, inklusive Erklärungen

Das ist so lange her, es kommt mir vor, als sei das alles so lange her. Die erste Liebe meines Lebens. Noch nie zuvor war ich so glücklich gewesen und noch nie so unglücklich. Ich weiß nicht, vielleicht ist es für alle so, vielleicht ist das etwas, das alle durchmachen müssen, so wie wenn man die Milchzähne verliert oder sich beim Radfahrenlernen die Knie aufschürft. Keine Ahnung.

Sie heißt Ann-Katrin, das habe ich bereits erzählt. Was ich nicht erzählt habe, ist, dass dies der Grund ist, warum ich sie kennengelernt habe. Also, ich hatte sie schon lange im Bus angestarrt, im Bus, der zur Schule fuhr, und dann, eines Tages, saßen Henka und ich genau hinter ihr und Henka laberte wie immer über Comics und aus irgendeinem Grund sagte ich das magische Wort »Foxi« und da drehte sie sich um, lächelte mich an und sagte: »Ja … wolltest du mir was sagen oder …?« Und dann sahen wir uns in die Augen und begannen, miteinander zu reden.

Sie hieß Ann-Katrin und wurde Foxi genannt. Ich hatte das Wort »Foxi« gesagt. So fing es an. Wie in einem schlechten Witz.

Und jetzt saß ich wieder im Bus und ein schwacher Duft nach Zitrone weckte die Erinnerung an sie, weckte die Erinnerung an alles.

Meine Wangen brannten. Diesmal errötete ich, weil ich damals so dumm gewesen war. Ein dummer kleiner Schuljunge war ich gewesen, ein Anfänger in der Liebe und in all den Spielen, die zwischen einem Jungen und einem Mädchen stattfinden.

Inzwischen wusste ich mehr, ich hatte einiges gelernt. Ich hatte einige wichtige Regeln für die Liebe gelernt.

1. Zeige nie allzu viel Interesse, denn dann bist du nicht interessant.
2. Hinterher kann man nicht befreundet bleiben.
3. Nur ein bisschen lieben, das geht nicht.

4. Es gibt keine Gerechtigkeit.

5. Und wenn es noch so sehr schmerzt, man stirbt nicht daran.

Kapierst du das? Nein, du weißt ja so wenig. Ein jeder muss seine eigenen Er-fahrungen machen, selbst davon betroffen sein, selbst etwas daraus lernen. So weit bist du noch nicht. Aber ich präsentiere dir trotzdem meine Erklärungen. Vielleicht verstehst du es dann.

1. Zeige kein allzu großes Interesse. Folgendes: Wir hatten mal eine Katze, eine graue hübsche Katze, die Silber hieß. Meine kleine Schwester Hanna wollte Silber immer auf den Arm nehmen und mit ihr schmusen. Ich wollte Silber auch immer auf den Arm nehmen und mit ihr schmusen. Und Mama wollte Silber auch immer auf den Arm nehmen und mit ihr schmusen. Aber Krister, Mamas Mann, dem war Silber total egal. Und jeden Abend, wenn wir vor dem Fernseher saßen, kam Silber mit hochgerecktem Schwanz an-spaziert und Hanna und Mama und ich lockten sie zu uns her und jeden Abend ignorierte sie uns und hüpfte Krister auf den Schoß, legte sich dort zurecht und begann zu schnurren. Alles klar? Damit will ich nicht sagen, dass Mädchen wie Katzen sind, ich sage bloß, sie wollen nicht, dass die Jungs allzu großes Interesse zeigen, sie wollen keine Jungs haben, die vor ihnen auf den Knien liegen und flüstern: »Ich liebe dich, ich liebe dich, ich sehne mich so sehr, so sehr nach dir, immer wenn du nicht bei mir bist, sehne ich mich nach dir, ich hab gar nicht gewusst, was das Wort Sehnsucht bedeutet, bevor ich dich kennengelernt hab.« Das haut nicht hin. Nein, die Mädels wollen Jungs, die kühl und spannend sind und nicht allzu interes-siert wirken. Traurig, aber wahr. Ehrlichkeit kannst du vergessen. Theater spielen, darauf kommt es an. Mädchen und Katzen, die wollen dich erobern, die wollen dich nicht gratis bekommen, als Geschenk.

2. Hinterher kann man nicht befreundet bleiben. Du bist in ein Mädchen ver-liebt, du lernst sie kennen, du kommst ihr so nah wie noch nie jemandem zuvor, sie darf dich nackt sehen, du darfst sie nackt sehen und ich meine … na ja, du kapierst wohl, was ich meine, nicht bloß nackt, ohne Kleider, son-

dern auch nackt, ohne irgendwelche Rollen zu spielen, ohne irgendwelche Masken zu tragen. Lauter solche Sachen. Du kannst so sein, wie du bist, wie noch nie zuvor, sie bringt das Beste in dir zum Vorschein. So was eben. Und dann hört es auf. Und ihr müsst euch einfach gegenseitig wegwerfen. Plötzlich bedeutet all das Schöne nicht mehr als Katzenpisse. Alles oder nichts. Hinterher kann man niemals befreundet bleiben.

3. Nur ein bisschen lieben, das geht nicht. Alles oder nichts. Niemals nur ein bisschen. Du hast keine Wahl, kannst nicht clever sein, kannst keine Regeln oder Erklärungen aufstellen oder dir einbilden, du würdest diese Spiele im Laufe der Zeit immer besser beherrschen. Es erwischt dich und danach hast du keine Wahl. Wenn du verliebt bist, funktioniert dein Verstand nicht mehr, du wirst zu einem dummen kleinen Kind.

4. Es gibt keine Gerechtigkeit. Egal, wie anständig und liebevoll und ehrlich du bist, du kannst trotzdem auf dem Müll landen. Wer am meisten liebt, ist immer im Nachteil. Ungerecht, aber wahr.

5. Und wenn es noch so sehr schmerzt, man stirbt nicht daran. An Herzschmerz stirbt man nicht. Okay, man weint. Betrug, Eifersucht, Falschheit, Lügen. Okay, so was tut weh. Aber man stirbt nicht daran. Man stirbt an Krebs oder bei einem Autounfall oder man ertrinkt oder kommt bei einem Brand um oder wird zu Tode getrampelt oder so was, aber an gebrochenem Herzen stirbt man nicht. Es bringt einen nicht um, wenn die Liebe plötzlich aufhört. Und man nimmt sich auch nicht das Leben, das ist bloß eine kindische Idee, weil man bemitleidet werden will. Nein, man überlebt. Das Leben geht weiter.

So. Da hast du meine Regeln, inklusive Erklärungen. Ich will nicht behaupten, ich sei ein Experte. Aber irgendwas habe ich gelernt.
Ja, das hört sich kindisch an. Nein, ich bin keine vierzehn Jahre alt. Ich bin siebzehn.

Ein Jüngling liebt ein Mädchen

Ein Jüngling liebt ein Mädchen,
die hat einen andern erwählt;
der andre liebt eine andre
und hat sich mit dieser vermählt.

Das Mädchen heiratet aus Ärger
den ersten besten Mann,
der ihr in den Weg gelaufen;
der Jüngling ist übel dran.

Es ist eine alte Geschichte,
doch bleibt sie immer neu;
und wem sie just passieret,
dem bricht das Herz entzwei.

HEINRICH HEINE

Gedicht in Bi-Sprache

Ibich habibebi dibich,
Lobittebi, sobi liebib.
Habist aubich dubi mibich
liebib? Neibin, vebirgibib.

Nabih obidebir febirn,
Gobitt seibi dibir gubit.
Meibin Hebirz habit gebirn
abin dibir gebirubiht.

JOACHIM RINGELNATZ

Richtige Küsse und
ein einziges Gefühl

ANDREAS STEINHÖFEL

Gekidnappt

 »Sind alle draußen?«, rief Frau Weisser.

Maria hätte keine Antwort geben können, selbst wenn sie gewollt hätte. Jeder Funke Energie, der in ihrem Körper steckte, wurde gerade darauf verwendet, Olle festzuhalten. Der wand sich unter ihrem Klammergriff wie ein Huhn, dem man den Kopf abschlagen wollte.

Frau Weisser murmelte etwas, das auf die Entfernung bis zur Tür des Zeichensaals unverständlich blieb – noch unverständlicher deshalb, weil Maria und Olle sich hinter demjenigen Teil der Wand befanden, der den Raum wie ein großes L abknicken ließ.

Die Tür schlug zu. Ein Schlüssel drehte sich im Schloss, einmal, zweimal. Schritte verhallten, die zierlichen Tippelschritte von Frau Weisser. Wenn man sich anstrengte, hörte man den Unterschied heraus, den ihr linkes und ihr rechtes Bein beim Gehen machten. Frau Weisser war erst kürzlich am linken Knie operiert worden. Seitdem humpelte sie ein wenig.

Dann Stille, endlich. Vorsichtig löste Maria ihre Hand von Olles Mund. Bis zu diesem Punkt hatte sie vorausdenken können. Nur bis zu diesem Punkt. Weiter nicht.

Olle japste nach Luft. »Bist du verrückt geworden?« Durch die dicken Gläser seiner Brille funkelte er sie an. »Du blöde Kuh!«

Jetzt rieb er sich den Hals, dabei hatte sie wirklich nicht zu fest zugegriffen. Sie hatte nur eben so viel Kraft in die Umklammerung gelegt, dass sie ihn am Schreien hindern konnte.

Blöde Kuh …

Maria war es gewohnt, mit Schimpfworten bedacht zu werden. Aber nicht von Olle. Von dem wollte sie so etwas nicht hören.

»Nun reg dich mal ab«, sagte sie. »Oder bist du noch nie in den Schwitzkasten genommen worden?«

98

Er sah aus, als wolle er etwas erwidern, schien es sich aber sofort anders zu überlegen, denn er schluckte die Worte hinunter.

Noch nie von einem Mädchen, dachte Maria. Das war es, was er sagen wollte. Er ist noch nie von einem Mädchen in den Schwitzkasten genommen worden.

»Was gibt's da so doof zu grinsen?«, schnaubte er.

»Nichts.«

»Nichts!«, äffte er sie nach.

Er musste sie sich bei einem Erwachsenen abgeguckt haben, die Art, wie er jetzt den Kopf schüttelte: vorwurfsvoll, irgendwie von oben herab, obwohl er kleiner war als sie selbst und zu ihr aufschauen musste. Ihre Mutter pflegte den Kopf so zu schütteln, wenn Maria etwas verbrochen hatte: die frisch geöffnete Milchtüte umgekippt, einen Riss in die nagelneuen Jeans fabriziert, Hundefutter statt einer Büchse Erbseneintopf aufgewärmt.

Unglückskind.

Du hast nicht zwei linke Hände, du hast drei.

Immerhin, dachte Maria zufrieden, habe ich es fertiggebracht, mich mit Olle im Zeichensaal einschließen zu lassen. Keine Irrtümer, was das anging. Keine verkippte Milch, keine zerrissene Hose. Echter Erbseneintopf sozusagen.

Olle hatte sich bereits beruhigt. Er schob seine Brille ein Stück den Nasenrücken hinauf und blickte sich um, ein wenig hilflos, als sähe er den Zeichensaal zum ersten Mal in seinem Leben. Niedlich sah das aus. O Mann, er war einfach so unglaublich sahnemäßig niedlich, wie er da vor ihr stand …

»Und jetzt?«, sagte er.

Flucht war unmöglich, dachte Maria zufrieden. Der vierte Stock lag zu hoch, um gefahrlos aus einem der großen Fenster zu springen, durch die, wie von Wellen getragen, klares Sommerlicht flutete. Zudem war der Zeichensaal im rückwärtigen Teil des Schulgebäudes untergebracht, zu den einsamen Bahngleisen hin. Da konnte man sich lange aus den Fenstern hängen und brüllen, ohne gehört zu werden. Ziemlich erschreckend eigentlich …

»Würdest du mir mal erklären, was das hier soll?«

Ah, wie oft hatte sie diese Frage schon gehört! Und wo nicht überall und von wem eigentlich noch nicht?

Von Olle natürlich noch nicht, vom süßen Olle.

Jetzt verdrehte er die Augen. Blau waren die, blitzblau, und erschienen hinter den dicken Brillengläsern immer etwas größer, als sie in Wirklichkeit waren. Maria mochte diese blauen Augen. Ungefähr elftausend Mal hatte sie in den letzten Wochen überlegt, wie Olle wohl ausschauen würde, wenn er seine Brille einmal abnahm.

»Maria?«

Etwas rumorte in ihr herum. Das war ihr Herz.

Während sie Olle festgehalten hatte, schien es gar nicht in ihr drin gewesen zu sein, aber jetzt polterte es plötzlich los – wummerte, klopfte, pochte, dröhnte, alles auf einmal. Sie hätte das Olle gern erklärt, aber es erschien ihr so kompliziert. Also sagte sie einfach: »Mein Herz.«

War doch egal, was er jetzt von ihr hielt, oder? War doch egal, ob er glaubte, sie sei ein bisschen plemplem. Das dachten doch sowieso alle von ihr, oder?

Hey, Maria, die haben wohl vergessen, bei deiner Jacke die Ärmel zuzunähen!

»Was ist mit deinem Herz?«

Lag da Besorgnis in seiner Stimme?

»Es wummert so komisch«, sagte sie.

»Es wummert, weil du aufgeregt bist«, stellte Olle sachlich fest. »Wäre ich auch, wenn ich jemanden gekidnappt hätte.«

Gekidnappt klang ein bisschen hart, fand Maria. Es klang nach Erpressung, nach Lösegeldforderungen, nach …

»Menschenraub! Du hältst mich gegen meinen Willen hier fest«, fuhr Olle fort. Er hob einen Zeigefinger, wie Frau Weisser es manchmal tat, bevor sie eine wichtige Frage stellte: »Warum?«

Das war leicht zu beantworten. Andererseits war es auch ziemlich schwierig. Am besten, Augen zu und durch. Maria holte tief Luft.

»Würdest du mich küssen?«

Na bitte, ging doch. Ihre Stimme hatte kein bisschen gewackelt. Dafür sollte sie sich eigentlich selbst anerkennend auf die Schulter klopfen.

»Küssen?«, wiederholte Olle misstrauisch. »Wie meinst du das?«

»Na, küssen eben, auf den Mund. Du wirst doch schon mal jemanden geküsst haben.«

»Nur meine Eltern.«

Das war es, was sie schon immer an Olle gemocht hatte: Er schien nie von etwas überrascht zu sein. Er beantwortete einfach ihre Frage, ganz unaufgeregt. Sie hätte ihm ebenso gut vorschlagen können gemeinsam mit ihr eine Bank auszurauben. Er sah sie ruhig an. Ihr Herz machte jetzt schon viel kleinere Sprünge.

»Also, hast du schon mal oder hast du nicht?«, fragte sie. »Richtig geküsst, meine ich.«

Er versuchte, sich ein wenig größer zu machen, als er war, indem er kurz auf die Zehenspitzen wippte. »Natürlich nicht!«

»Warum nicht?«

»Wahrscheinlich«, erklärte Olle langsam, »weil ich erst elf Jahre alt bin.«

»Fast zwölf, genau wie ich«, gab sie zurück.

»Elfjährige machen so was nicht.«

»Warum nicht?«

»Weil … weil es eklig ist, sich gegenseitig die Zunge in den Mund zu stecken.«

Jetzt war er doch tatsächlich rot geworden. Bis hinter die Ohren, die mit meilenweitem Abstand zuckersüßesten Ohren der Welt. Wunderschön sahen sie aus, diese roten Ohren. Zum Reinbeißen schön. Manchmal träumte Maria davon, Olle würde sich ein Ohrloch stechen lassen und eine kleine Kreole tragen. Die sie ihm schenken würde, natürlich, zu Weihnachten oder so.

101

»Du hast es wirklich noch nie probiert?«

Olle schüttelte den Kopf. »Du?«

»Nee.«

Aber daran gedacht hatte sie, fast ununterbrochen in den letzten Tagen. Daran gedacht, wie es sich wohl anfühlen mochte, geküsst zu werden. Von Olle geküsst zu werden. Was er nie tun würde, jedenfalls nicht freiwillig.

Froschmaul.

Unglückskind.

Er schwang sich auf einen der Tische. Seine Füße baumelten zehn Zentimeter über dem spiegelblanken Linoleumboden. »Wenn ich dich küssen würde, heißt das immer noch nicht, dass ich hier rauskäme, oder?«

»Stimmt. Keiner von uns beiden. Wir müssen bis morgen warten.«

»Hmm … Dann mach ich's auch nicht. Ich meine, bis morgen haben wir immerhin eine statistische Überlebenswahrscheinlichkeit von hundert Prozent.«

Er zeigte zum Waschbecken, auf dessen Ablage zahllose noch feuchte Pinsel in Plastikbechern steckten. »Wir können nicht verdursten. Und mit dem Essen, na ja …«

»Ich hab zwei Beutel mit Mars dabei. Zehn Stück.«

»Schokolade? Da sind doch keine Vitamine drin.« Seine Augenbrauen rutschten über der Nase zusammen. »Zehn Stück?«

Maria nickte.

»Also, wenn heute der letzte Schultag vor den großen Ferien wäre, dann hätten wir«, er zog die Nase kraus und rechnete, »pro Tag jeder knapp ein Achtel
Mars.«

»Ich würde abnehmen«, sagte Maria.

»Ich würde verhungern«, gab Olle zurück.

Sie begannen beide zu kichern. Olle war wahnsinnig dünn und schlaksig – ein
Fädchen, wie Frau Weisser zu sagen pflegte. Nur wurde er deswegen von niemandem gehänselt. Alle hatten vor Olle Respekt, vor ihm und seinem Wissen.
Mit dem er niemals herumprotzte, denn Olle war kein Streber. Im Gegenteil,
er war sogar sehr hilfsbereit. Selbst Schüler aus höheren Klassen kamen, um
sich von ihm helfen zu lassen. Maria war einmal in der Nähe gewesen, als er
einem älteren Jungen bei der Lösung eines mathematischen Problems behilflich
gewesen war.

$$a^2 + b^2 = c^2$$

»Satz des Pythagoras«, hatte Olle gemurmelt. Es hatte etwas mit rechtwinkli-
gen Dreiecken zu tun, es fielen seltsame, unaussprechliche Worte wie *Kathete*
und *Hypotenuse* und *Proportionalität*.

a
b
[Dreieck]
c

Es ging darum, dass wie von Zauberhand um das Dreieck herum entstandene
quadratische Flächen ein Verhältnis miteinander hatten. Na ja, oder so ähnlich.
Außerdem musste man irgendwelche Wurzeln ziehen, was Marias schreckli-

chen Verdacht bestätigt hatte, dass ein geheimnisvoller Zusammenhang zwischen Mathematik und Zahnarztbesuchen bestand. Wirklich eingeleuchtet hatte ihr bei der ganzen Rechnerei lediglich, dass man schneller war, wenn man einen direkten Weg nahm, anstatt um eine Ecke zu gehen. Damals hatte sie sich gewünscht, jemand würde sich einmal so viel Mühe damit geben, sich so viel Zeit nehmen, ihr etwas wie diesen Pythagoras auseinanderzusetzen. Jemand wie Olle, hatte sie gedacht. Und dieser winzige Gedanke hatte in ihrem Bauch ein krachendes, in alle Richtungen schießendes Feuerwerk ausgelöst. Olle.

Der süße, geduldige, schlaue Olle.

»Also, was ist, hast du Hunger?«, fragte sie ihn.

»Ja.«

»Wenn ich das gewusst hätte, von wegen Vitaminen und so …«, murmelte sie. Plötzlich war es ihr peinlich, dass sie nicht daran gedacht hatte, wenigstens etwas Obst mitzunehmen. Olle sah nicht aus, als äße er Süßigkeiten. Er hatte so weiße Zähne, so wunderbar winterweiße, regelmäßige, entzückende …

»Andere Leute«, sagte er, »schreiben Liebesbriefe oder so was, wenn sie von jemandem geküsst werden wollen.«

Ups …! Man musste wirklich aufpassen, wenn man nicht von einem seiner Sätze aus dem Gleichgewicht geworfen werden wollte.

»Ich bin nicht so gut in Rechtschreibung«, gab Maria zurück.

»Mach dir nichts draus.«

Der hatte gut reden! Maria holte den ersten Fünferpack Mars aus ihrer Schultasche, nahm einen der Riegel heraus, riss die Packung auf und teilte das erste Mars in zwei gleich große Stücke, die sie Olle in die Hände drückte.

»Noch nicht essen.«

Sie kramte nach der Dose mit der Sprühsahne, die am Boden der Tasche lag. Olle sah zu, wie sie den Zylinder heftig schüttelte, um dann jeweils einen großzügigen Klacks Schlagsahne auf die Marshälften zu verteilen.

»Guten Appetit«, wünschte sie.

»Genau.« Er aß langsamer als sie, kaute methodisch, wahrscheinlich genau zweiunddreißig Mal pro Bissen, wie es der Schulzahnarzt gesagt hatte. Er grinste, als er sah, dass sie schon fertig war und ihn beobachtete. Es war ein überraschend nettes Schoko-Sahne-Grinsen.

»Du bist ganz schön verrückt, Maria.«

Sie zuckte die Achseln.

»Aber trotzdem nett.«

»Das findet sonst niemand.« Vielleicht sagte er das nur, weil er befürchtete, sie habe außer den Schokoriegeln und der Sprühsahne auch noch ein dreißig Zentimeter langes Messer in ihrer Schultasche versteckt.

»Also, ich finde das schon.« Er leckte sich einen letzten Tupfer Sahne aus dem Mundwinkel. »Willst du wissen, was ich an dir mag?«

Sie konnte sich nicht vorstellen, dass jemand etwas an ihr mochte.

Schusselbacke.

Dicke Kuh.

Wo hast du die Schuhe her, vom Sperrmüll?

»Dass du so direkt bist.«

»Ist mir noch gar nicht aufgefallen.«

»Mir aber.« Olle schob erneut die Brille zurück. Er schien gar nicht zu merken, wenn er das tat. »Zum Beispiel, dass du mich kidnappst, weil du mich küssen willst. Wer würde so was schon tun außer dir?«

»Keine Ahnung. Vielleicht machen das viele Leute so und man kriegt es nur nicht mit?«

»Glaub ich nicht«, sagte Olle langsam.

Es war ein unheimlicher Moment, denn jetzt sah er sie an, durch diese Brille. Lange sah er sie an, als betrachte er sie mit ganz neuen Augen. Und das Unheimliche daran war nicht der unbeirrte, forschende Blick, sondern dass Olle dabei so *erwachsen* wirkte.

»Hast du schon mal«, fragte er jetzt, »was vom Stockholm-Syndrom gehört?«

»Nee.« Sie dachte an Erkältung, pockenförmigen Ausschlag und explodierende Fieberthermometer. »Ist das was Schlimmes?«

Er schüttelte den Kopf. »Vor vielen Jahren ist in Stockholm eine ausländische Botschaft oder so was überfallen worden. Die Gangster haben Geiseln genommen. Es dauerte Tage oder Wochen, bis die Geiseln endlich wieder frei waren. Und weißt du, was passiert ist?«

»Alle wurden von der Polizei erschossen«, schlug Maria vor. »Die Gangster und die Geiseln und womöglich auch noch irgendein unschuldiger Hund.«

Unschuldiger Hund, o Mann! Warum musste sie bloß immer so einen Quatsch erzählen?

»Nachdem die Geiseln befreit worden waren, haben sie die Gangster in Schutz genommen! Sie hatten sich so sehr in ihre Kidnapper hineinversetzt, dass sie die richtig mochten.«

»Verrückt.«

»Ziemlich.«

»Warum hast du mir das erzählt?«

Jetzt wurde er schon wieder rot. Es war kaum zum Aushalten, wie gut ihm diese verlegene Röte stand. »Weil ich überlegt habe, warum ich plötzlich doch Lust habe, dich zu küssen.«

»Obwohl du erst elf Jahre alt bist?«

»Fast zwölf.«

Wummer, wummer, wummer!

Jetzt nur nicht plötzlich schüchtern werden. Bloß nicht sagen, dass es vielleicht gar nichts mit Stockholm zu tun hatte, sondern möglicherweise mit der Schokolade. Vielleicht war in Mars was drin, was die Leute dazu brachte, andere küssen zu wollen.

»Ja, dann … dann mach mal, oder?«

Olle ließ sich vom Tisch rutschen, ging einen Schritt auf sie zu und stand plötzlich ganz dicht vor ihr. »Könntest du dich ein bisschen runterbeugen? Du bist größer als ich.«

»Okay«, sagte sie.

»Aber ohne Zunge!«

»Okay.«

»Und nur ganz kurz!«

»Ja, ja.«

Sie schloss die Augen. Sie fühlte ihren Herzschlag. Sie spürte die Sonne auf ihren Wangen, sie spürte Olles Lippen auf ihren Lippen, ganz kurz, ganz leicht. Eine Berührung wie von Schmetterlingsflügeln. Es kribbelte überall. Es war das unglaublichste Feuerwerk aller Zeiten.

»Olle?«, sagte Maria, als sie wieder atmen konnte.

»Hm?« Sein Gesicht war direkt vor ihrem. Er sah sie an, als habe er gerade eine besonders gute Klassenarbeit abgeliefert und erwarte jetzt dafür eine besonders gute Note.

»Könntest du noch mal? Ohne Brille, meine ich?«

»Einmal reicht.«

»Gut. Ehm …« Sie räusperte sich. »Würdest du dann bitte von meinem rechten Fuß runtergehen?«

»Entschuldigung!« Er machte einen Schritt zurück und fuhr sich verlegen mit einer Hand durch die Haare. Und schob schon wieder seine Brille zurück. Und sah sich schon wieder ein wenig hilflos um.

»Möchtest du vielleicht noch ein Mars?«, fragte sie, um die unvermittelt eingetretene peinliche Stille zu übertönen.

Er öffnete die Packung selbst. Er riss das knisternde Papier nicht auf, wie sie

es getan hatte, sondern schälte es von der Schokolade herunter, wie bei einer Banane.

Mein erster Kuss, dachte Maria. *Mein erster Kuss. Ohne Zunge.*

»Ich glaube«, sagte Olle, während er mit Bedacht an dem Knisterpapier herumzuppelte, »es ist nicht gut, wenn man Dinge erzwingt. Einen Kuss zum Beispiel.«

»Wieso nicht?«

»Weil man sich danach mies fühlt.«

»Mich würde aber niemand freiwillig küssen.«

»Woher willst du das wissen?«

»Ich weiß es.«

Er hielt ihr den Schokoriegel entgegen und sie sprühte großzügig Sahne drauf. Selbst bei ihrer Mutter hatte sie das Gefühl, dass die sie nicht freiwillig liebte. Mama war zusammengesetzt aus Seufzern und bedeutungsschweren Augenaufschlägen.

Ach, Maria. Maria …!

Sie sah zu, wie Olle den letzten Rest des zweiten Mars hinunterschluckte.

»Du hättest mir was davon abgeben können.«

»Was … oh, tut mir leid. Aber wir haben ja noch welche.«

Das dritte Mars verschwand, nachdem sie ohne viel Brimborium das Knisterpapier zerfetzt hatte, in Marias Hals, wie ein Kaninchen im Rachen einer Würgeschlange. Sie hasste diese Angewohnheit, sich mit Essen vollzustopfen, wenn sie unglücklich oder aufgeregt war.

»Du solltest nicht so schlingen«, mahnte Olle.

»Ich weiß, Mama«, grinste Maria.

Olle grinste zurück. Und plötzlich nahm er, aus welchen Gründen auch immer, seine Brille ab und strahlte sie an. Noch nie hatte jemand sie so angestrahlt, noch nie hatte sie so große blaue Augen gesehen: zwei wolkenlose, tiefe Himmel.

»Nein«, sagte sie, nachdem sie eine Weile oder einen Tag oder ein Jahr in diese beiden Himmel geschaut hatte.

»Was?«

»Ich fühle mich nicht mies. Ich fühle mich großartig. Wegen dem Kuss, meine ich.«

»Ich fühle mich auch ganz gut.« Olle setzte seine Brille wieder auf.

Waffenstillstand, dachte Maria. Alles wäre traumhaft bestens, wenn wir jetzt noch ein paar Vitamine hätten. Und wenn Olle noch mal und ohne Brille und überhaupt.

Ach, Olle …

Als das entfernte, abwechselnd leise und dann wieder etwas lautere Klopfen ertönte, dachte sie zuerst, ihr Herz beginne wieder verrücktzuspielen. Dann erkannte sie in dem ungleichen Muster die Schritte von Frau Weisser.

»Ihre Tasche«, zischte Olle. Er zeigte zum Lehrerpult, auf dem, bisher von ihnen unbemerkt, die rostrote Aktentasche der Lehrerin lag. Vergessen.

Das war es dann, dachte Maria. Wie ein bleischwerer Vogel mit scharfen Krallen ließ sich das Gefühl des Unglücks auf ihrem Rücken nieder.

Pech gehabt, Froschmaul.

Olle legte einen Finger auf seine Lippen. Dann ergriff er Maria bei den Schultern und lotste sie um die Ecke, in den vom Lehrerpult aus nicht einsehbaren Teil des Zeichensaals.

»Was soll das?«, flüsterte Maria. »Willst du nicht raus?«

Olle schüttelte den Kopf. »Nein.«

Sie lauschten. Ein Schlüsselbund klapperte, der Türgriff wurde herabgedrückt. Ein Seufzen von Frau Weisser. Nach einer Ewigkeit von genau siebzehn Sekunden, die Maria Olle leise mitzählen sah, war alles vorbei. Sie waren wieder allein.

»Ich schätze, meine Eltern werden sich Sorgen machen«, sagte Olle.

»Meine Mutter hoffentlich auch.«

»Wir werden Ärger kriegen.«

»Und wie.«

Sie setzten sich nebeneinander auf den Fußboden, mit ausgestreckten Beinen, im Rücken die Wand. Ihnen gegenüber lagen die hohen Fenster, von allen Seiten des Raums leuchteten ihnen die mit Wasserfarben gemalten Bilder entgegen.

»Wir könnten ein Bild malen«, sagte Olle nach einer Weile. »Gemeinsam, meine ich.«

»Gut.«

»Und es dann aufhängen. Und vorher alle anderen Bilder abhängen. Das wollte ich schon immer mal tun.«

»Ja. Gut.«

»Vielleicht geb ich dir auch noch einen Kuss.«

»Mhm.«

Olle begann, ein kleines Lied zu pfeifen. Er war anders als alle anderen Jungen, die sie kannte. Wahrscheinlich war er ein bisschen verrückt. Maria hätte ihm gern noch einmal in die Augen gesehen, doch seine Brillengläser fingen das durch die Fenster fallende Licht der Nachmittagssonne ein und warfen es in den Zeichensaal zurück. Tausend goldene Funken, sie tanzten über die Wände, über Tische und Bänke. Funken und Schmetterlingsflügel und Pythagoras, und Mann, würde das ein Sommer werden, so völlig ohne rechte Winkel!

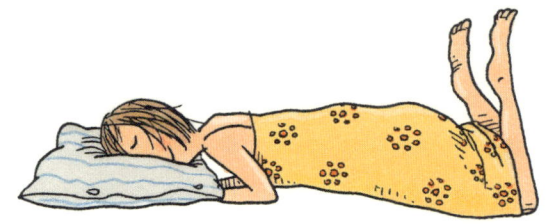

Was zum Kuss gehört

Wimpernklimpern
Augenglänzen
Lächeln
Händchenhalten
Streicheln
Herzbumpern
rote Ohren
Wonnerieselrückenschauer
Kribbeln
bisschen schwitzen
unruhig sitzen
glücklich sein

NORA CLORMANN-LIETZ

wie ich dich nenne
wenn ich an dich denke
und du nicht da bist:

meine Walderdbeere
meine Zuckerechse
meine Trosttüte
mein Seidenspinner
mein Sorgenschreck
meine Aurelia
meine Schotterblume
mein Schlummerkind
meine Morgenhand
mein Vielvergesser

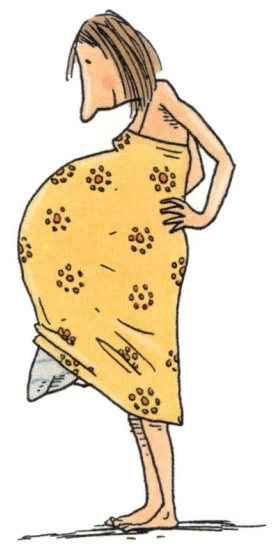

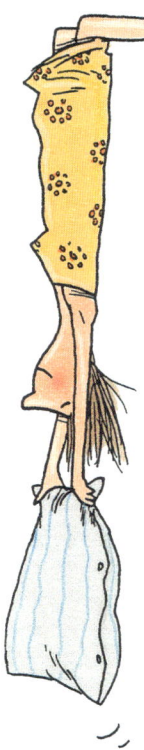

mein Fensterkreuz
mein Mondverstecker
mein Silberstab
mein Abendschein
mein Sonnenfaden
mein Rüsselhase
mein Hirschenkopf
meine Hasenpfote
mein Treppenfrosch
mein Lichterkranz
mein Frühlingsdieb
mein Zittergaul
meine Silberschnecke
mein Tintenfasz
mein Besenfuchs
mein Bäumefäller
mein Sturmausreiszer
mein Bärenheger
mein Zähnezeiger
mein Pferdeohr
mein Praterbaum
mein Ringelhorn
meine Affentasche
meine Winterwende
meine Artischocke
meine Mitternacht
mein Rückwärtszähler

(da capo!)

FRIEDERIKE MAYRÖCKER

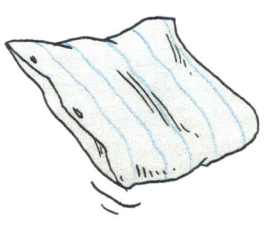

REGINA RUSCH

Schön, einfach nur schön

Die Augen, die Augen und das Grübchen. Die dunkelbraunen Augen und das Grübchen am Kinn. Gitta lachte leise auf. Ihr Lachen reichte bis in den Bauch, verteilte sich dort, wohlig und aufregend zugleich. Sie ließ das Fahrrad laufen, die abschüssige Straße erhöhte die Geschwindigkeit, bis die Pedale keinen Widerstand mehr boten, nur noch ins Leere drehten.

Schneller, schneller, noch schneller. Der Fahrtwind zerrte Gittas Haare nach hinten, biss in den Augen und riss ihr den Atem vom Mund. Wenn die Geschwindigkeit ihrem gegenwärtigen Zustand entsprechen sollte, musste sie bis zum Gehtnichtmehr gesteigert werden, rasend sein, fliegend.

Ja, dahinfliegen, das ist es, dachte Gitta und spürte wieder diese wohlig aufregende Wärme im Bauch. Dahinfliegen wie eine Möwe über dem Meer, im Sturzflug mitten hinein in den Sturm und in das Glücksgefühl. Sich selber spüren, sich völlig neu spüren, anders als je zuvor. Die Augen sehen, das Grübchen. Und die Hand fühlen, den sanften Augenblick der Berührung. Gitta legte die Hand mit der Außenseite ans Gesicht. Genau an dieser Stelle hatte er ihre Hand berührt, ihre linke Hand, die Oberseite ihrer linken Hand. Gitta übertrug die Berührung auf ihre Wange, sie war nicht vergangen. Seine Berührung, sekundenkurz nur, war dauernde Gegenwart. Seine Berührung ihrer Haut.

Das Fahrrad schlingerte, Gitta musste die Hand wieder um den Lenkergriff schließen, bei so hoher Geschwindigkeit konnte sie das Fahrrad nicht mit einer Hand halten. Eine Haarsträhne legte sich quer über ihr Gesicht. Sie warf den Kopf zur Seite, versuchte, sie wegzupusten, um wieder sehen zu können, aber der Wind presste ihr die langen dunklen Haare aufs Auge und zwischen die Lippen. Gitta zog die Bremsen an, das Fahrrad rollte langsamer und sie konnte die Haare aus dem Gesicht streichen.

Allmählich verringerte sich das Gefälle, die Straße machte eine scharfe Biegung und führte an mehreren kleinen Ladenpassagen vorbei, bis sie in die Hauptstraße einmündete. Gitta musste aufpassen, dass sie unbeschadet an den vielen parkenden Autos vorbeikam. Manche Leute rissen einfach die Tür auf oder sie fuhren mit Schwung rückwärts aus der Parklücke, Radfahrer schienen nicht als Hindernis zu gelten.

Auf dem Bürgersteig vor den Läden, Shops, Boutiquen und Imbissständen schoben und drängten sich die Menschen, kurz vor Ladenschluss war es immer besonders voll. In der kleinen Markthalle sah es nicht anders aus. Gedränge, Käufertrauben vor den Ständen, quengelnde Kleinkinder in überladenen Buggys. Gitta hasste diese Situation, alles musste schnell gehen, die Verkäuferinnen waren gestresst, die Kunden hektisch, es gab keine frische Milch mehr, statt gemischtem Hackfleisch nur noch teures Tatar. Seit ihre Mutter eine neue Arbeitsstelle hatte, war Gitta fürs Einkaufen zuständig, fast täglich machte sie ihre Runde durch die Markthalle, unwillig und lustlos. Doch heute störten sie die Menge und die wuselige Geschäftigkeit nicht.

Gitta schob das Fahrrad durch das Gewühl, wich niemandem aus, beachtete niemanden. Sie bewegte sich inmitten der vielen Menschen, als sei sie die Einzige, die hier entlangging. Sie reihte sich nicht in die Schlange vorm Käse-

stand, sondern rief einfach ihre Bestellung über die Köpfe der Wartenden hinweg: »Ein halbes Pfund Gouda und eine Ecke Brie!« Gitta lächelte, sie war der Mittelpunkt der Welt, sie war im Recht und sie lächelte.

Die Kunden guckten irritiert, die Verkäuferin, die sie seit Langem kannte, verzog keine Miene, reichte ihr die Tüte über den Tresen und begann plötzlich, während sie das Geld nahm, Gittas Lächeln zu erwidern. Gitta hätte noch achtzig Cent zurückbekommen, aber sie war mit ihrem Fahrrad schon unterwegs zum Bäckereistand. »Ein großes Mischbrot«, rief sie und strahlte den noch kränker als sonst aussehenden Verkäufer an, als überbringe sie ihm einen Lottogewinn. Eine Frau beschwerte sich, sie sei zuerst an der Reihe, aber Gitta lächelte nur und hielt dem Verkäufer das abgezählte Geld hin. Der Verkäufer legte das eingewickelte Brot auf die Glastheke, beschied die Frau mit einer Handbewegung zu warten und blickte Gitta an. Ein Lächeln huschte über sein Gesicht, kurz nur und fast scheu, dann bestimmten die dunklen Schatten unter den Augen wieder seinen Gesichtsausdruck.

Beim Wenden des Fahrrads stieß Gitta gegen die Taschen und Einkaufstüten, an denen eine ältere Frau schwer schleppte. Glasflaschen klirrten aneinander, der Griff einer Plastiktüte riss. Die Frau drehte sich um, hatte die Vorwürfe schon auf der Zunge, doch ihr mürrischer Blick verflog, als sie Gitta ansah. Gitta lächelte, sie sagte nichts, lächelte nur. Dann zog sie bedauernd die Schultern hoch, lächelte immer noch und schob das Fahrrad wieder auf die Straße.

Hinter ihr ließ jemand sein Auto an und trat den Gashebel wie zu einem Formel-1-Rennen. Es stank nach Benzin und Abgasen und Bratfett von der Pommesbude, die Luft war erfüllt von Motorengeräuschen, zuschlagenden Wagentüren und Kofferraumdeckeln, ein paar Kinder schrien, ein Taxifahrer brüllte einen Autofahrer an, der ihm den Weg versperrte, jemand warf leere Gemüsekisten auf einen Lastwagen.

Gitta hielt ihr Lächeln fest. Hektik, Gestank, Geschrei, es betraf sie nicht, heute nicht, nie mehr. Gitta radelte durch die verkehrsreiche Hauptstraße, als befände sie sich auf einer einsamen Landstraße, irgendwo weit weg, irgendwo in einem anderen Land ohne Zeit und ohne Wirklichkeit.

Sie legte wieder die Hand an ihre Wange, die linke Hand, die Oberseite der

linken Hand. Sie schob sie an den Mund, es kitzelte an den Lippen. Die eigene Hand küssen, was für ein Gefühl! Gitta sog den Geruch ein. Die Hand roch nach Lenkergriff-Gummi, ein bisschen nach frischem Brot, nach Haut und nach einem Hauch von Cappuccino. »Un cappuccino«, flüsterte Gitta ihrer Hand zu und spürte wieder das wohlig aufregende Gefühl im Bauch.

In einer plötzlichen Eingebung riss sie den Fahrradlenker nach rechts, fuhr ein Stück über den Bürgersteig und steuerte dann vorsichtig auf die fünf, sechs Stufen zu, die auf den niedriger gelegenen Kinderspielplatz führten. Die Schutzbleche schepperten, die Fahrradkette schlug klappernd gegen den Rahmen und die Klingel gab bei jeder Stufe, die Gitta hinunterholperte, ein feines »Pling« von sich.

Der Spielplatz, mit Rutsche, Schaukel, Sandkasten und einem fantasielosen Klettergerüst für kleine Kinder eingerichtet, war von einer dichten Hecke umgeben. Nur die beiden Holzbänke im hinteren Teil des Platzes waren neueren Datums, gestiftet von der örtlichen Sparkasse und dem Modehaus Pienig.

Gitta kannte jede Delle in der Metallbahn der Rutsche, sie wusste, dass sich ein Abschlussbalken des Sandkastens verschieben und als zusätzliche Sitzgelegenheit nutzen ließ, wenn sie sich in den Abendstunden hier manchmal mit ihren Freundinnen traf.

Gitta stellte das Fahrrad gegen den dicken Ahorn und ließ sich auf die Bank darunter fallen. Sie lehnte sich zurück, legte den Kopf in den Nacken und schloss die Augen. Die Augen. Die Augen und das Grübchen. Die dunkelbraunen Augen und das Grübchen am Kinn. Und die Hand. Seine Hand an ihrer Hand. Gitta atmete tief ein, bis die Erinnerung wieder Gegenwart wurde.

Sie spürte den Windhauch des riesigen Ventilators, der sich an der Decke des Eiscafés drehte und träge Zigarettenrauch, Gerüche von Kaffee, frischem Kuchen und vielen Menschen vermischte und neu im Raum verteilte. Sie hörte das Klirren der Gläser, der Espressotassen, der Servierteller, die metallischen Geräusche von Besteck und Eisbechern aus poliertem Stahl.

Und mitten hinein dieses »Prego?«. Ein Wort nur, sonst nichts. Die anderen Kellner und Serviererinnen im Eiscafé benutzten dasselbe Wort, wenn sie nach der Bestellung fragten, doch hörte es sich aus ihrem Mund an wie ein Befehl, zumindest wie eine Aufforderung. »Prego!«

Dieses »Prego« dagegen war eine Frage, sein »Prego« klang wie eine Bitte. Gitta hatte die Bitte erfüllt. Mit ihrem Blick war sie der Stimme gefolgt und hatte in das dazugehörige Gesicht geschaut. Da war sie den Augen zum ersten Mal begegnet, den dunkelbraunen Augen. Und sie hatte das Grübchen gesehen, das kleine Grübchen am Kinn. Gitta versuchte, sich auf genau diesen allerersten Augenblick zu konzentrieren, ihn in sich immer neu ablaufen zu lassen, langsam wie in Zeitlupe.

Der Dunkeläugige trug eine schwarze Kellnerschürze wie die anderen im »Venezia«, dazu ein Polohemd in knalligem Gelb, durch das seine braune Haut, die schwarzen Haare und die dunklen Augen noch brauner, noch schwärzer, noch dunkler wirkten. Gitta fühlte, wie sie rot wurde, und sie hoffte, er würde es nicht als Verlegenheit deuten, sondern denken, es käme von der stickigen Luft in dem Café.

Eigentlich wusste sie längst, was sie bestellen wollte, einen Milchshake Banane, wie jeden Mittwoch, wenn sie nach dem Nachmittagsunterricht auf Antonia wartete. Die Freundin, normalerweise pünktlich, ließ heute, zwanzig Minuten nach der verabredeten Zeit, immer noch auf sich warten.

Die braunen Augen blickten Gitta ins Gesicht. Sie senkte den Blick. »Äh, äh …«, stotterte sie. »Moment noch …« Einen Milchshake könnte sie heute unmöglich bestellen, das Wort war viel zu kurz. Viel zu schnell würden die braunen Augen wieder fort sein. Sie schlug die Eiskarte auf und starrte angestrengt auf die bunten Bildchen der verschiedenen Eisbecher, die jedoch alle viel zu teuer für sie waren. Ihre Gedanken und Wünsche purzelten durcheinander, überschlugen sich.

»Ein Eis«, sagte sie schließlich gedehnt und bemühte sich, ihre Verwirrung zu überspielen, »einen kleinen Eisbecher. Ohne Sahne.« Sie sah wieder in die dunkelbraunen Augen und sie glaubte, in ihnen dieselbe Verwirrung zu entdecken. Oder bildete sie sich das nur ein?

»Prego?«, fragte er nach. Gitta wiederholte ihren Wunsch und plötzlich fing er an zu lachen, sagte wieder »Prego?« und zuckte die Schultern. Hatte er sie nicht verstanden? Er war neu hier, letzte Woche war er noch nicht da gewesen. Na klar, er verstand überhaupt nicht, was sie meinte. Gitta lachte ebenfalls. Dann sagte sie »Stracciatella« und hielt den Daumen hoch, »Schokolade, Karamell«, zählte sie auf und zeigte drei Finger für drei Eisbällchen. Er schien sich zu freuen. »Si!«, antwortete er, nickte und wiederholte: »Stracciatella, Cioccolata, Caramello.« Jetzt nickte Gitta. Was für eine Melodie!

Als er die kleine Schale mit den drei Kugeln brachte, sagte er: »Gemiste Eis? Va bene?«, und freute sich, als Gitta »Si« antwortete.

Er wischte den Tisch ab, zweimal hintereinander, und wechselte den Aschenbecher aus, obwohl er unbenutzt war. Gitta aß das Eis in winzigsten Löffelportionen. Nur nicht schnell machen, nur nichts beenden. Lange sollte es dauern. Ewig! Ein paarmal kam er, um das Deckchen unter den Blumen zurechtzuzupfen und die Eiskarten zu ordnen. Immer wieder kreuzten sich ihre Blicke, als hätten sie sich gesucht. Aber meistens sahen sie schnell wieder fort, nur manchmal lächelten sie sich an, kurz und wie ertappt.

Eine ungeheure Spannung wuchs in Gitta. Sie fühlte sich stressig und aufgeregt wie vor der letzten Mathearbeit, die über Versetzung oder Sitzenbleiben entschied, und gleichzeitig freudig erwartungsvoll, wie kurz vorm Geburtstag oder beim Betreten des Weihnachtszimmers. Zu dieser kribbeligen Gefühlsmischung kam jedoch noch etwas völlig Neues hinzu, ein bisher nicht gekanntes Verlangen nach mehr, der Wunsch, das Gesicht, die Haare, die Augen, die Hände nicht nur anzusehen, sondern zu berühren. Der heftige Wunsch, auch selber berührt zu werden.

Gitta saß an dem kleinen, runden Tisch mitten im »Venezia«, umgeben von vielen anderen runden Tischen, an denen andere Gäste saßen, kamen und gingen, schwiegen und redeten, als wäre nicht gerade etwas Wahnsinniges, etwas Unerhörtes, Einmaliges geschehen. Es war doch nichts mehr wie vorher, nichts war wie immer. Gitta war eine andere. Sah man es ihr nicht an? Würde Antonia es bemerken? Noch immer war sie nicht erschienen – glücklicherweise nicht. Gitta hoffte, die Freundin würde nicht mehr kommen, wenigstens jetzt noch nicht.

Nach einer halben Stunde bestellte Gitta einen Cappuccino, dafür reichte ihr Geld gerade noch. Sie trank in kleinen Schlucken, ließ die Tasse immer wieder stehen, minutenlang. Langsam, nur langsam.

»Antonio!«, rief plötzlich eine Stimme vom Eingang her. Gitta drehte sich um. Antonia? Hatte jemand die Freundin gerufen? »Antonio!« Nein, nicht Antonia – Antonio!

»Vieni qua!« Der ältere Kellner, der schon seit der Eröffnung im »Venezia« bediente, winkte den Neuen ungehalten zu sich und überschüttete ihn mit einem vorwurfsvollen italienischen Wortschwall.

Antonio. Er hieß Antonio. Gitta spürte dem weichen Klang des Namens, der ihr so vertraut war, nach. Wie anders als Antoni-a fühlte sich Antoni-o auf der Zunge an! Stundenlang könnte sie so dasitzen und nichts tun, außer zu schauen und zu fühlen. Doch ein Blick auf die Uhr holte Gitta in den Tag zurück. Die Geschäfte würden bald schließen, sie musste ja noch einkaufen.

Als er mit einem Tablett voller Gläser an den Nachbartisch trat, hielt Gitta ihre Geldbörse hoch und sagte leise: »Ich möchte zahlen.« Sie hätte sagen sollen: »Ich muss zahlen.« Sie hätte sagen sollen: »Ich will bleiben«, aber sie sagte: »Ich muss gehen.« Der Unterschied war sowieso nur für sie selbst wichtig, er verstand die Wörter nicht. Er öffnete das große schwarze Kellnerportemonnaie und wartete, und während Gitta die passenden Münzen heraussuchte, hob er ihren Rucksack vom Boden auf den Tisch. Er las das Namensschildchen, lächelte und fragte: »Gitta?« Es hörte sich an wie »Dschita« und es gefiel ihr. Trotzdem schüttelte sie den Kopf.

»Nicht Dschita, Gitta!«, sagte sie und legte besondere Betonung auf das »Gi«. Ein paar Sekunden lang trafen sich wieder ihre Blicke, seine dunkelbraunen Augen und ihre graublauen. Alles ringsum war wie ausgeblendet, die Geräusche ausgeschaltet, Gitta hörte nur ihr eignes Herz klopfen.

Unvermittelt fragte sie in diese Stille hinein: »Antonio?« Und sie deutete auf ihn. Er war überrascht, dass sie seinen Namen wusste, freute sich und sagte etwas auf Italienisch, das Gitta nicht verstand. Jedenfalls verstand sie die meisten Wörter nicht, außer »domani«, und das hieß »morgen«. Es war ganz offensichtlich, was er meinte. Morgen sollte sie wieder kommen. Gitta fühlte das Blut in ihren Kopf steigen. Morgen, ja, domani, si, natürlich würde sie kommen, morgen und immer.

Als er die Münzen einsammelte, legte er wie zufällig seine Hand an ihre, ließ sie einen Moment lang liegen und Gitta spürte seinen sanften Druck. Wirbelsturm im Bauch, Flutwelle im Hirn, Wärmestrom auf der Hand, auf der ganzen Haut, überall, überall. Und alles mit ungeheurer Heftigkeit, die ihr den Atem nahm und ihn auch jetzt, in der zurückgesehnten, gegenwärtigen Erinnerung, stocken ließ.

Gitta holte tief Luft. Ja, so war es gewesen im »Venezia«. So war es mit den Augen und mit Antonio und mit ihr selbst.

Gitta öffnete die Augen. Die Blätter des Ahorns leuchteten gelb im letzten Licht der Herbstsonne. Sonnengelb leuchteten sie, knallgelb, hemdgelb, Antonio-gelb. Gab es ein Wort für diesen Zustand?

Gitta stand von der Bank auf und trat an die Rutsche. Sie wusste noch genau, wie sie sich selbst gefühlt hatte, als sie, ewig lang her, zum ersten Mal die Stufen hochgeklettert war und sich hoch oben über dem Sandkasten zuerst nicht getraut hatte hinunterzurutschen. So hoch, so tief! Und dann das kurze, lustvolle Bauchkitzeln und die Landung im weichen Sand, noch mal und noch mal, immer wieder. Sie war so glücklich gewesen, tagelang.

Glück. Gitta sog ihr eigenes Lächeln in sich hinein. Glück. Sie drehte sich zur Schaukel, deren Plastiksitze sich an den schlaffen Seilen leicht hin und her bewegten, als warteten sie nur darauf, in Schwung gebracht zu werden. Gitta gab dem Brett einen Stoß. Sie blickte sich um, ob ihr auch ja niemand zuschaute, dann setzte sie sich in plötzlicher Vorfreude auf das schmale Schaukelbrett. Sie kicherte leise, stemmte die Füße gegen den Boden, abstoßen, Schwung nehmen, vorschwingen, zurück. Ihre Haare wehten im Wind, abwechselnd nach hinten und nach vorn, sie flogen wie alles in ihr, hoch und runter und wieder hoch. Bloß nicht den Boden berühren, nie mehr.

Gitta schloss die Augen, um Antonio zu sehen. Die Augen, die Augen und das Grübchen. Die dunkelbraunen Augen und das Grübchen am Kinn. Gitta hörte nicht auf, sich immer höher zu schwingen. Das Schaukelgestell begann zu schwanken, die Metallringe quietschten, sie war schließlich kein kleines Mädchen mehr.

Höher ging es nicht. Nicht höher, höher nicht? Ach, was brauchte sie eine Kleinkinderschaukel! Kein Stahlgestell war nötig, um zu fliegen, kein Fliegen war nötig, um abzuheben, heute nicht und morgen erst recht nicht. Domani, dachte Gitta und sprang von der Schaukel. »Domani«, sagte sie leise vor sich hin, als sie auf dem harten Sandboden landete.

Dieses kleine Gedicht

kann dir
den Kopf verdrehen:
ich
liebe dich

PETER JEPSEN

Kann nicht reden

Kann nicht reden, kann nicht schreiben,
kann nicht sagen, wie mir ist.
Mir ist wohl und bang im Herzen,
kann nicht ernst sein, kann nicht scherzen,
kann nicht wissen, wie mir ist.

Mit der Arbeit will's nicht vorwärts,
wie so leer es um mich ist!
Wie so voll ist's mir im Herzen!
Kann nicht ernst sein, kann nicht scherzen,
kann nicht wissen, wie mir ist.

Kann nur fühlen, kann nicht wissen,
kann nicht sagen, was es ist,
könnt ich singen, süßes Leben,
würden Töne Kunde geben,
wie es mir im Herzen ist.

ADELBERT VON CHAMISSO

MIRJAM MÜNTEFERING

Flug ins Apricot

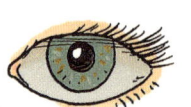 Es ist noch nicht spät. Aber sieht so aus, als ob der Abend für mich gelaufen wäre. Etwas anders, als ich erwartet hatte. Haha. Wenn ich jetzt daran denke, wie ich mir ausgemalt habe, mit Alex zu tanzen, das tut fast schon weh. Nein, nicht fast, es tut weh! Verdammt weh tut das. Sie ist jetzt so nah, keine zehn Meter entfernt unten im Partykeller, wo sie gerade vielleicht schon mit Sven knutscht. Aua. Scheiße.

Zwei Wochen kenne ich sie. Jeden Morgen in der Schule. Und im Kino. Und bei ihr. Und bei mir. Heute Morgen im Wald. War das erst heute Morgen? Kommt mir vor, als läge es Wochen zurück.

Ich kann Mercedes verstehen, ja, ich verstehe sie. Sie ist erst zwei Wochen mit Ralf zusammen, aber sie sagt, sie hat ein ganz starkes Gefühl für ihn. Das habe ich auch. Ein starkes Gefühl für Alex. Aber es ist noch mehr als das. Es ist nicht nur das, was ich für sie fühle, sondern auch das, was sie mit mir anrichten kann. Sie hält mein Herz in ihrer Hand. Sie kann ihre schmale Faust in meinen Bauch bohren. Da ist kein Widerstand in mir.

Ich glaube, ich sollte jetzt nach Hause gehen.

Die Haustür klappt. Knirschende Schritte auf dem Kiesweg. »Hier bist du.« Sie setzt sich neben mich.

Ich bin plötzlich ganz starr, kriege kein Wort heraus.

»Bist nicht gut drauf, wie?«, fragt Alex.

»Nicht mein Tag«, würge ich heraus.

»Heute Morgen war er schön«, erwidert sie. »Aber bei mir ging der Tag heute auch nicht so klasse weiter.«

Will sie mir jetzt etwa erzählen, dass es ihr nicht gut geht? So wie sie leuchtet, soll es ihr nicht super gehen?

Als ich nichts sage, stupst sie mich vorsichtig an.

»Was'n los?«

Was los ist? Du bist los!, denke ich. Du wütest in mir herum wie ein Steppenfeuer. Du mit deinem coolen Gehabe, deinen Zigaretten und deinen grünen Augen. Weiß nicht, wie du das gemacht hast. Aber ich wünschte, du würdest damit aufhören. Nein, ich wünschte nicht, du würdest aufhören …

»Franziska?« Sie nennt mich bei meinem vollen Namen, wie es sonst eigentlich niemand tut. »He, ist es wegen Sven? Er hat mir vorhin gesagt, dass ihr mal zusammen gewesen seid. Du bist doch nicht eifersüchtig?«

»Quatsch!«, platze ich raus. »Das ist doch längst gegessen.«

»Gut. Ich meine, du hättest auch gar keinen Grund. Ich finde ihn echt nett, aber das ist auch alles. Und ich glaube, bei ihm ist es genauso.«

Da kennst du Sven aber schlecht! Der wird nicht ohne Grund rot.

»Kann schon sein«, murmele ich. Sie will nichts von Sven? Sagt sie das nur, um mich zu beruhigen, weil sie glaubt, dass ich doch eifersüchtig bin?

Wir sitzen nebeneinander in der milden Spätsommernacht. Von drinnen dringt gedämpft die Musik und das Stimmengewirr.

»Und du?«, fragt sie schließlich. »Oliver ist echt nett.« Ich knurre ein bisschen. Habe ich mir ja gleich gedacht.

Das mit dem Engtanzen hätte ich lieber lassen sollen. Da drinnen laufen wohl gerade die Gerüchtedrähte heiß.

»Nett, ja. Aber ich kenne ihn schon, seit wir elf waren, verstehst du? Da läuft nichts mehr. Auf keinen Fall.« Sie nickt, dann schüttelt sie den Kopf.

»Aber Sven kanntest du doch auch schon so lange und warst trotzdem mit ihm zusammen.« Gut aufgepasst!

»Er kam letztes Jahr neu in die Klasse«, antworte ich.

Sie lacht. »Aha. Dann verliebst du dich also nur in die, die neu in die Klasse kommen?«

Urgh! Ich werfe ihr einen raschen Blick zu und sie sieht selbst etwas überrascht aus. Was hat sie da gesagt? Ich vergesse irgendwie zu antworten. Wir schweigen uns an.

»Warum war dein Tag denn mies?«, will ich schließlich wissen.

Sie macht eine fahrige Bewegung mit der Hand. Sieht aus, als wollte sie eine Fliege verscheuchen, die sie umschwirrt. Aber gleichzeitig knipst irgendjemand bei ihr da drinnen die Laterne wieder an und sie strahlt plötzlich genauso wie vorhin, als ich sie an der Theke stehen sah.

»Post aus der Heimat«, sagt sie schlicht, als würde mir das alles erklären.

»Von René?«, frage ich idiotischerweise.

Sie rührt sich nicht, schaut mich nicht an, aber sie zieht rasch die Luft ein. Vollkommen überrascht. »Woher…?«

»Intuition«, antworte ich. So begründet Mama immer ihren siebten Sinn, was uns Kinder anbelangt, und ich leihe mir das Wort mal kurz aus, weil es mir hier gut aus der Misere hilft.

Alex sagt lange Zeit nichts. Immer wieder geht eine Welle durch ihren Körper, aber dann kommt doch nichts raus.

Ich warte einfach nur. Ich fühle sie einfach nur. Ehrlich, es ist mir plötzlich alles egal. Sven. René. Ist mir wurscht. Diese Minuten sind das Beste in meinem Leben, seit Langem. Vielleicht weil es mir gerade noch so megamies ging, weil sie nicht da war.

»Ich hatte einfach nicht mit einem Brief von ihr gerechnet«, sagt sie. »Ich hatte ihr meine neue Adresse gar nicht gegeben. Aber sie muss sie irgendwie rausbekommen haben, Keine Ahnung, über wen. Wir hatten keinen großartigen Kontakt mehr, weißt du?«

Ich weiß gar nichts mehr!

»Nichts, was man wieder einrenken könnte?«, frage ich vorsichtig.

Sie schüttelt den Kopf. »René möchte das vielleicht gerne. Aber… nein, es geht nicht. Da ist einfach zu viel passiert. Manche Dinge lassen sich nicht rückgängig machen. Ihr Brief hat mich trotzdem ganz schön geschockt. Irgendwie habe ich mich wieder an alles erinnert. Hat mir klargemacht, dass ein Vertrauensvorschuss immer missbraucht wird…« Sie bricht ab.

»Nur manchmal«, höre ich mich leise sagen. Ist das der Grund? Ist sie deshalb so distanziert gewesen heute Abend? So weit weg? Hat sie einfach Angst bekommen, ich könnte ihr Vertrauen missbrauchen? Ich?

»Oft«, brummt sie, etwas störrisch. Ich muß lächeln. Sie auch.

»Weißt du eigentlich, dass da in deinen Augen so helle Flecken sind? Sieht aus wie Gold«, sagt sie ganz unerwartet.

Ich weiß gar nicht, was ich denken soll. Geschweige denn fühlen oder sagen. Die goldenen Flecken in meinen Augen. Ich habe einen Wahnsinnskloß im Hals, den ich am liebsten herauswürgen würde. Ihn einfach hochwürgen und ausspucken, damit er nicht immer und immer wiederkehren kann.

»Ich hatte mal eine Freundin, die hat gesagt, die Flecken sehen aus wie Kartoffelstücke in der Linsensuppe.«

Alex wiegt den Kopf und sieht mir in die Augen, als wollte sie die Richtigkeit dieser Beschreibung prüfen. »Darüber sollte ich mal mit ihr diskutieren«, meint sie grinsend. »Ich finde, es sieht aus wie Gold in einem Teich.«

O Gott, sag doch nicht so was!, denke ich. Weißt du eigentlich, dass ich immer daran denken werde? Wie soll ich solche Sätze je wieder vergessen können? So was gräbt sich in mein Hirn, als würde es da drinnen auf eine Granitplatte gemeißelt, absolut unverwüstlich.

»Das mit der Diskussion wird leider nichts werden«, erwidere ich. »Sie ist nicht mehr … hier.«

»Oh, tja, so ist das. Die einen kommen, die anderen gehen.«

Ja, so ist das.

Tatjana und ihr Typ kommen Arm in Arm um die Hausecke und bleiben kurz bei uns stehen.

»Hast du schon diesen Pavillon gesehen? Affenstark. Warum Sven keine Grillparty gemacht hat bei diesem Garten, versteh ich nicht«, meint Tatjana. Ihr Freund sieht mich betont interessiert an und sie knufft ihn in den Bauch.

Dann verschwinden sie hinter der Tür.

»Komm. Wir schauen ihn uns an!« Alex zieht mich von der Mauer hoch.

»Ich kenne den Garten«, protestiere ich sanft. Eigentlich möchte ich einfach nicht ihre Nähe verlieren auf der schmalen Mauer. Aber jetzt steht sie ja sowieso schon.

Wir gehen also um das Haus herum und tapern vorsichtig über den Rasen zu dem kleinen Pavillon, den Svens Vater immer »das Schlösschen« nennt.

Dabei kichern wir genauso wie vorhin Tatjana und ihr Freund. Es ist nämlich ganz schön schwierig, im Stockdunkeln einen Fuß vor den anderen zu setzen, ohne zu stolpern. Ich nehme kichernd Alex' Hand, ohne groß darüber

nachzudenken, und wundere mich zwei Sekunden später, wie ich so mutig sein konnte. Es liegt wohl an der Dunkelheit. Sie schützt mich vor ihrem hellen, forschenden Blick und lässt alles ein wenig wie in einem Traum erscheinen, unwirklich und spannend. Alex hält meine Hand fest. Ich kann die kühlen Ringe an ihren warmen Fingern fühlen.

Im Pavillon setzen wir uns auf eine Bank. Langsam gewöhnen sich die Augen an die Dunkelheit.

»Ein Glühwürmchen!«, rufe ich.

»Wo?« Alex schaut in die völlig falsche Richtung.

»Da!« Natürlich sieht sie nicht, wohin ich zeige. Ich tue es einfach: Ich nehme ihr Gesicht zwischen meine Hände und lenke ihren Blick so direkt auf das leuchtende Hinterteil des Käfers.

Wir kichern wieder beide ziemlich blöde. Bloß gut, dass ich nicht allein so albern bin. Sie hat ihr cooles Gehabe plötzlich völlig abgelegt. Vielleicht braucht sie es nicht, wenn es dunkel um sie herum ist.

»Da ist noch eins«, sagt sie, aber diesmal, ohne zu lachen. Ihre Stimme ist ganz ernst und ich horche auf, weil dieser Tonfall überhaupt nicht zu ihren Worten passt.

»Wo?«, frage ich und gluckse immer noch ein bisschen. Und da tut sie es. Nimmt mein Gesicht zwischen ihre Hände. Ich denke, jetzt dreht sie meinen Kopf in die Richtung von so einem Vieh, aber sie hält ihn ganz gerade. Ganz gerade auf sich selbst gerichtet.

Was ist das jetzt? Warum …?

Sie küsst mich.

Kein Kuss, wie ihn Karin von mir zum Geburtstag bekommt. Kein Kuss, wie Mercedes ihn mir manchmal gibt. Ein richtiger Kuss. Nur ganz zart, ganz weich. Unsere Lippen berühren sich ja kaum, so vorsichtig ist sie. Und dann sieht sie mich an, versucht, in diesem stockdusteren Garten in meinem Gesicht zu lesen, ob ich das mochte, oder ob ich jetzt gleich schreiend davonrasen werde.

Und ich?

Bin nur ein einziges Gefühl. Bin vollkommen ohnmächtig von dem Wunsch, ganz eingehüllt zu werden von ihr. Und bevor ich überhaupt einen einzigen klaren Gedanken fassen kann, küsse ich sie. Zuerst auch zart. Aber plötzlich wird es ganz anders. Weiß nicht, wer von uns damit anfängt. Die Küsse werden tief. Als wollten wir ineinander eintauchen. Alex' Hände wandern von meinem Gesicht in meinen Nacken, streicheln mein Haar, meine Schultern. Und meine Finger machen sich selbstständig, erkunden den Rücken unter dem Hemd, ihre Seite, legen sich auf ihre Beine. Ich kann ihren Körper fühlen, eng an mir. Ihre Brüste an meinen. Ihr ganzes süßes Sein. Wir küssen und küssen und hören gar nicht mehr auf. Sie küsst auch mein Gesicht, meine Wange, meine Nase, mein Kinn und plötzlich meinen Hals. Das hat mich bei Sven immer gekitzelt. Aber bei ihr, wow…

Ich denke daran, wie ich neulich mal so gerne ihr Ohr küssen wollte. Und das tue ich dann. Sie seufzt und das macht mich ganz schwach. Wie sie riecht! Sie riecht so gut, ich könnte in sie hineinkrabbeln.

»Ich könnte in dich reinkriechen«, flüstert sie.

Mein Herz platzt gleich aus den Nähten, glaube ich.

»Du küsst einfach super«, sage ich und bringe sie damit tatsächlich zum Lachen. Aber dann wird sie rasch wieder ernst und küsst mich weiter. Und ich sie. Keine Ahnung, wie lange wir hier sitzen und uns festhalten. Ich zähle bestimmt nicht die Minuten. Aber wenn die Ewigkeit so aussehen könnte, fände ich das wirklich nicht übel.

Irgendwann hören wir auf der Straße Stimmen. Mercedes lacht ihr volltönendes Lachen und ruft ein paar Worte auf Griechisch. Von der Hausecke her ertönt Svens Stimme: »Franzi?«

Alex und ich schießen auseinander. Schwachsinnig! Er kann uns doch gar nicht sehen. Zuerst will ich nicht antworten, aber dann ruft auch Mercedes nach mir.

»Ja. Was ist denn?«

Mercedes stolpert anscheinend über irgendwas, denn sie kreischt laut und jemand macht »Pssst!«

Nach einer Minute kommt eine ganze Karawane durch den Garten auf uns zu. Es sind sechs oder sieben unserer lieben Klassenkameraden. Alex kichert leise.

»Nur ruhig Blut!«, wispere ich, mehr um mich selbst zu beruhigen.

Mein Herz rast. Weiß nicht, ob vom Küssen oder von dieser verrückten Situation. Dass sich jetzt aber auch alle auf die Suche nach uns machen müssen.

»Was macht ihr denn hier?«, will Sven lachend wissen. »Führt ihr tiefschürfende Gespräche?«

»Ich wette, Franzi hat ein neues Opfer für ihre romantischen Momente gefunden!«, meint Mercedes. Und ich wette, spätestens jetzt rattert es in Svens Kopf los.

»Es gibt hier Glühwürmchen«, sagt Alex, als würde das alles erklären.

Die anderen quetschen sich mit uns in den Pavillon auf die Bank und so rücken Alex und ich automatisch wieder eng zusammen.

»Wenn man ganz still ist, hört man auch Froschgequake«, ergänze ich ihre Erklärung. Dieses Gequake ist das einzige Geräusch außer Alex' Atem, das ich in der letzten Stunde wahrgenommen habe.

Tatsächlich lauschen alle eine Weile ganz ernsthaft und manchmal sagt jemand: »Da! Habt ihr gehört?«

Man könnte meinen, wir sind alle schicker. Mercedes und Ralf beginnen herumzuknutschen.

»He, ihr seid hier nicht allein«, erinnert sie Frank und legt einen Arm um Alex. Sie lacht und schiebt den Arm geschickt wieder von ihrer Schulter herunter. Daraufhin legt Frank den Arm um Oliver, der auf seiner anderen Seite sitzt. Alle gackern.

Klammheimlich schleicht sich von Alex' Seite her eine weiche Hand heran und umschließt meine. Niemand kann es sehen. In mir ist ein Gefühl, als säße in meinem Bauch eine kleine Gestalt, die laut lacht und vor Glück Purzelbäume schlägt.

Ist das Wirklichkeit? Kann es so etwas Schönes überhaupt geben? Kann ich so was erleben? Ich habe immer gedacht, dass ich mir so was in meinen romantischen Träumen einfach nur ausdenke, aber dass mir das in Wahrheit nie passieren wird.

Klar. Da wusste ich ja auch noch nicht, dass sie vorbeispazieren würde, mit ihrer Sonnenbrille auf dem kurzen Haar, ihren Sommersprossen und dem coolsten Lächeln der Nation.

»Lasst uns wieder reingehen!«, schlägt Sven irgendwann vor. »Die machen sonst das Fass alleine leer.«

Die Jungen springen natürlich sofort auf, als gäbe es nichts Wichtigeres als Bier. Ich möchte nicht gehen, sondern mit Alex wieder allein hier bleiben. Aber es sieht ganz so aus, als müssten wir unsere Laube an ein anderes Pärchen abgeben.

Ein anderes Pärchen?, denke ich, völlig überrascht von meiner eigenen Kühnheit.

Mercedes nimmt kurz meine Hand und sieht mich grinsend an.

»Ich komme dann später nach«, sagt sie. Das heißt wohl, dass wir uns nicht mehr sehen werden. Hier trennen sich unsere Wege? So ein Unsinn! Morgen werden wir schon wieder an der Strippe hängen und es wird sein wie immer zwischen uns.

»Bis später«, erwidere ich und drücke ihre Finger.

Alex steht schon am Fuß des Pavillons und wartet auf mich.

»Lass uns noch ein bisschen abtanzen«, sagt sie lächelnd und streicht sich mit dieser typischen Handbewegung ihre gegelte Ponysträhne aus dem Gesicht.

Meine Worte gehorchen mir nicht

Meine Worte gehorchen mir nicht
kaum hör ich sie wieder mein Himmel
dehnt sich will deinen erreichen
bald wird er zerspringen ich atme
schon kleine Züge mein Herzschlag
ist siebenfach geworden schickt unaufhörlich
und kaum verschlüsselte Botschaften aus

SARAH KIRSCH

liegen, bei dir

ich liege bei dir. deine arme
halten mich. deine arme
halten mehr als ich bin.
dein arme halten, was ich bin
wenn ich bei dir liege und
deine arme mich halten.

ERNST JANDL

CARSON MCCULLERS

Das Herz ist ein einsamer Jäger

 Schließlich kamen sie an die Stelle, die sie gesucht hatten. »Hier ist es! Siehst du die Tafel da? Privatbesitz. Wir müssen über den Drahtzaun klettern und dann dort langgehen – siehst du?«

Im Wald war es ganz still. Der Boden war glatt von Tannennadeln. Nach wenigen Minuten erreichten sie den Fluss. Das braune Wasser floss kühl und hurtig dahin. Kein Laut war zu hören, nur das Plätschern des Wassers und das Singen des Windes hoch oben in den Wipfeln der Kiefern. Wie eingeschüchtert von der tiefen Waldesstille gingen sie leise am Ufer entlang.

»Ist das nicht hübsch hier?«

Harry lachte. »Warum flüsterst du? Horch mal!« Er schlug sich auf den Mund und stieß einen langen Indianerschrei aus, den das Echo zurückwarf. »Komm. Wir wollen ins Wasser springen und uns abkühlen.«

»Hast du keinen Hunger?«

»Doch. Essen wir erst was. Jetzt die Hälfte, die andre nachher, wenn wir aus dem Wasser kommen.«

Sie packten die Geleebrötchen aus, und als sie mit Essen fertig waren, knüllte Harry das Papier zusammen und stopfte es sorgfältig in einen hohlen Baumstumpf. Dann nahm er seine Badehose und ging den Pfad hinunter. Sie entkleidete sich hinter einem Busch und zwängte sich in Hazels Badeanzug. Der Anzug war ihr zu klein und kniff zwischen den Beinen.

»Fertig?«, rief Harry.

Sie hörte einen Platsch, und als sie ans Ufer kam, war Harry schon ein Stück weit geschwommen. »Keinen Kopfsprung«, rief er. »Muss erst sehn, ob hier Baumstümpfe sind oder seichte Stellen.« Sie sah seinen Kopf untertauchen. Sie hatte gar keinen Kopfsprung vorgehabt. Sie konnte ja nicht einmal schwimmen. Sie war bisher nur sehr selten zum Schwimmen gegangen – und dann hatte sie immer einen Schwimmgürtel umgehabt oder sie war im Flachen ge-

blieben, wo sie noch stehen konnte. Harry würde das sicher albern finden. Sie wusste nicht recht, was sie tun sollte, bis ihr ein Lügenmärchen einfiel.

»Ich kann nicht mehr tauchen. Früher – da bin ich immer gesprungen, von ganz hoch oben. Dabei hab ich mir mal den Kopf aufgeschlagen; seitdem kann ich nicht mehr springen.« Nach kurzem Nachdenken fuhr sie fort: »Ich machte einen doppelten Salto, und als ich wieder hochkam, war das ganze Wasser rot von Blut. Ich dachte mir weiter nichts dabei, ich machte lauter Kunststücke im Wasser, bis die andern mir was zuschrien. Da merkte ich, woher das viele Blut im Wasser kam. Seitdem kann ich nicht mehr gut schwimmen.«

Harry krabbelte aus dem Wasser. »Mein Gott, das hab ich ja gar nicht gewusst.«

Sie wollte noch weiterlügen, damit es recht wahrscheinlich klänge; stattdessen verstummte sie und sah Harry an. Seine leicht gebräunte Haut war nass und glänzend und an Brust und Beinen war er behaart. In der eng anliegenden Badehose war er so gut wie nackt und ohne Brille wirkte sein Gesicht mit den feuchten blauen Augen offener und hübscher. Er sah sie an und plötzlich wurde sie irgendwie befangen. »Das Wasser ist ungefähr drei Meter tief, bloß drüben am andern Ufer ist's flacher.«

»Komm, gehn wir rein. Muss doch schön sein im kalten Wasser.«

Sie hatte keine Angst. Die gleiche eisige Ruhe überkam sie, als wenn sie sich im Wipfel eines sehr hohen Baumes verstiegen hätte und nichts weiter tun konnte, als möglichst geschickt abzusteigen. Sie ließ sich am Ufer hinunter und stand in dem eiskalten Wasser. Sie hielt sich an einer Wurzel fest, bis diese unter ihren Händen nachgab; dann begann sie zu schwimmen. Einmal schluckte sie Wasser und ging unter; sie schwamm aber weiter und ließ sich nichts anmerken. Sie schwamm bis ans andere Ufer, und als sie dort wieder Grund fühlte, war ihr großartig zumute. Sie planschte mit den Fäusten und schrie wie besessen, um das Echo zu wecken.

»Sieh mal!«

Harry hangelte an einem hoch aufgeschossenen, dünnen Bäumchen hinauf. Als er oben war, neigte der biegsame Stamm sich über das Wasser und Harry plumpste hinein.

»Lass mich auch mal! Pass auf, ich kann's auch!«

»Ein ganz junges Bäumchen.«

Sie konnte so gut klettern wie jeder andere. Sie machte es Harry nach und landete ebenfalls mit einem lauten Platsch im Wasser. Und nun konnte sie auch schwimmen. Sie konnte ganz richtig schwimmen, genau wie die anderen.

Sie haschten sich uferauf und uferab, auch durch das kalte, braune Wasser. Zwei Stunden vergingen unter Springen, Klettern und viel Geschrei. Dann standen sie am Ufer und sahen einander an; es schien ihnen nichts Neues einfallen zu wollen. Plötzlich fragte sie:

»Bist du schon mal nackt geschwommen?«

Es war ganz still im Walde; es dauerte eine ganze Weile, bis er antwortete. Er schien zu frieren. Seine Brustwarzen sahen hart und blaurot aus. Auch seine Lippen waren blaurot und seine Zähne klapperten. »Ich … nein, ich glaube nicht.«

Sie war so merkwürdig aufgeregt und sagte etwas, was sie gar nicht sagen wollte. »Ich mach's, wenn du's auch machst. Wetten?«

Harry strich sich die nassen, dunklen Haarsträhnen zurück. »O. k.«

Sie zogen ihre Badeanzüge aus. Harry drehte ihr den Rücken zu. Er hatte rote Ohren und einmal stolperte er. Dann wandten sie sich einander zu. Eine halbe Stunde mochten sie so gestanden haben oder auch nur eine Minute – sie wussten es nicht.

Harry riss ein Blatt von einem Baum und zerzupfte es in kleine Stücke. »Wir wollen uns lieber anziehn.«

Während des Essens sprachen sie kein Wort. Sie breiteten ihren Proviant auf der Erde aus und Harry teilte alles in gleiche Hälften. Der schläfrig heiße Sommernachmittag umhüllte sie. Kein Laut drang aus der Tiefe des Waldes – nur das Wasser plätscherte langsam dahin und die Vögel sangen. Harry hielt ein abgeschältes Ei in der Hand und zerquetschte das Dotter mit dem Daumen. Woran erinnerte sie das? Sie hörte ihren Atem.

Harry beugte sich über ihre Schulter und sah zu ihr auf. »Weißt du was, Mick? Ich finde dich hübsch. Früher hab ich das nicht so gemerkt. Ich habe nicht etwa gedacht, dass du hässlich bist – das mein ich nicht … bloß …«

Sie warf einen Kiefernzapfen ins Wasser. »Wir sollten vielleicht lieber aufbrechen, wenn wir vor dem Dunkelwerden zu Hause sein wollen.«

»Nein«, sagte er. »Wir wollen uns hinlegen. Bloß ein paar Minuten.«

Er trug Tannennadeln, Blätter und graues Moos zusammen. Sie lutschte an ihrem Knie und beobachtete ihn. Mit geballten Fäusten, von Kopf bis Fuß gespannt, saß sie da.

»So, jetzt schlafen wir, dann sind wir frisch für die Rückfahrt.«

Sie legten sich auf das weiche Lager und blickten in die himmelhoch ragenden, dunkelgrünen Baumkronen. Ein Vogel sang ganz rein ein trauriges Liedchen, wie sie es noch nie gehört hatte: erst ein hoher Ton wie von einer Oboe – dann fünf Töne tiefer der gleiche Ruf. Ein trauriges Lied wie eine Frage ohne Worte.

»Den Vogel mag ich zu gern«, sagte Harry. »Ein Grünfink, glaub ich.«

»Wenn wir doch an der See wären. Am Strand liegen und weit draußen auf dem Wasser fahren Schiffe. Du warst doch im Sommer mal an der See – wie ist das eigentlich?«

Seine Stimme klang rau und gedämpft. »Na ja – da sind die Wellen – manchmal blau, manchmal grün, und wenn die Sonne scheint, sehn sie aus wie Glas. Und im Sand, da kann man kleine Muscheln suchen. Weißt du, solche, wie wir in der Zigarrenkiste mitgebracht hatten. Und über dem Wasser fliegen weiße Möwen. Wir waren am Golf von Mexiko – da weht immer eine kühle Brise von der Bucht, da ist es nie so backheiß wie hier. Immer …«

»Schnee«, sagte Mick. »Das möcht ich mal erleben. Kalte, weiße Schneehaufen, wie man sie abgebildet sieht. Schneestürme. Weißen, kalten Schnee, der im Winter immerfort sachte herunterrieselt und nie, nie aufhört. Wie in Alaska.«

Sie wandten sich beide gleichzeitig einander zu. Sie lagen dicht aneinandergepresst. Sie fühlte, wie er zitterte, und sie ballte die Fäuste so fest, dass sie knackten. »O Gott«, sagte er immer wieder, »o Gott.« Ihr war, als hätte man ihren Kopf vom Körper abgetrennt und weggeworfen. Ihre Augen starrten in die blendende Sonne hinauf, während in ihrem Kopf ein Zählwerk zu arbeiten schien. Und dann geschah es. So also war das.

Das Schönste

Ich flüchte
in dein Zauberzelt
Liebe

im atmenden Wald
wo Grasspitzen
Sich verneigen

weil
es nichts Schöneres gibt

ROSE AUSLÄNDER

Verzeichnis der Autoren und Quellen

Naja Marie Aidt (geboren 1963 in Egedesminde / Grönland) wuchs in Kopenhagen auf. 1991 debütierte sie mit einer Lyriksammlung, seit 1993 ist sie freiberufliche Autorin. 2008 wurde ihr der renommierte Literaturpreis des Nordischen Rates verliehen.
Der blühende Garten aus: dies., *Das Wasserzeichen*. Aus dem Dänischen von Peter Urban-Halle. © Achilla Presse, Bremen 1995

Jürg Amann (geboren 1947 in Winterthur in der Schweiz) arbeitete nach dem Studium der Germanistik und Publizistik in Zürich und Berlin als Journalist und Dramaturg. Seit den 70-er Jahren lebt er als freier Schriftsteller in Zürich. Er erhielt mehrere Auszeichnungen, zuletzt den Preis der Schweizerischen Schillerstiftung.
Wenn man nur wüsste aus: *Großer Ozean. Gedichte für alle*, hg. von Hans-Joachim Gelberg. © 2000 Beltz & Gelberg in der Verlagsgruppe Beltz, Weinheim / Basel

Martin Auer (geboren 1951 in Wien) arbeitete als Schauspieler, Musiker, Dramaturg, Zauberer, Werbetexter und Kabarettist. Seit 1986 ist er freier Schriftsteller und schreibt für Kinder und Erwachsene, seine Bücher wurden mehrfach ausgezeichnet. Er lebt abwechselnd in Wien und in der Steiermark.
Alles kann man nicht sagen aus: *Überall und neben dir*, hg. von Hans-Joachim Gelberg. © 1986 Beltz & Gelberg in der Verlagsgruppe Beltz, Weinheim / Basel

Rose Ausländer (1901–1988) gilt als eine der bedeutendsten deutschsprachigen Lyrikerinnen des 20. Jahrhunderts. Sie wurde in Czernowitz in der Ukraine geboren und wuchs in einem liberal-jüdischen Elternhaus auf. Sie verbrachte ihr Leben teils in Europa teils in den USA, und überlebte den Zweiten Weltkrieg in einem Kellerversteck in Czernowitz. Von 1965 bis zu ihrem Tod lebte sie in Düsseldorf.
Das Schönste aus: dies., *Ich höre das Herz des Oleanders. Gedichte 1977–1979*. © S. Fischer Verlag GmbH, Frankfurt am Main 1984

Simone de Beauvoir (1908–1986) wurde in Paris geboren und starb dort auch. Die weltberühmte Schriftstellerin, Philosophin und Feministin verfasste zahlreiche Romane, Erzählungen, Essays und ihre Memoiren.

An dem Tag, als ich in die 4a eintrat aus: dies., *Memoiren einer Tochter aus gutem Hause*. Aus dem Französischen von Eva Rechel-Mertens. © 1960 by Rowohlt Verlag GmbH, Reinbek bei Hamburg

Adelbert von Chamisso (1781–1838) wurde in Frankreich geboren. Nach der Französischen Revolution floh die verarmte Familie nach Berlin. Chamisso wurde zunächst preußischer Offizier und arbeitete später als Naturforscher. Er schrieb Lyrik in deutscher Sprache, berühmt wurde sein Kunstmärchen *Peter Schlemihls wundersame Geschichte*. Er starb in Berlin.
Kann nicht reden aus: ders., *Sämtliche Werke in zwei Bänden. Erster Band, Gedichte, Dramatisches*, hg. von Werner Feudel und Christel Laufer. Hanser Verlag, München / Wien 1982

Dagmar Chidolue (geboren 1944 in Sensburg / Ostpreußen) wuchs in Gütersloh auf. Sie studierte Jura und politische Wissenschaften und war jahrzehntelang für einen Bankenverband tätig. Seit rund 30 Jahren schreibt sie Bücher für Kinder und Jugendliche; 1986 erhielt sie den Deutschen Jugendliteraturpreis. Sie lebt heute in Frankfurt am Main.
Luise Doppelpunkt aus: dies., *Der Schönste von allen*. © Beltz & Gelberg in der Verlagsgruppe Beltz, Weinheim / Basel

Nora Clormann-Lietz (1934 in Elbing geboren) absolvierte ein Grafikstudium und verfasst heute als freie Autorin Theaterstücke und Gedichte.
Was zum Kuss gehört aus: *Großer Ozean. Gedichte für alle*, hg. von Hans-Joachim Gelberg. © 2000 Beltz & Gelberg in der Verlagsgruppe Beltz, Weinheim / Basel

Eckard Dietze, geboren 1943.
Deine Pfirsichhaut. © Eckard Dietze

Zoran Drvenkar (geboren 1967 in Kroatien) kam mit drei Jahren mit seinen Eltern nach Berlin. Seit 1989 schreibt er für Kinder, Jugendliche und Erwachsene Romane, Erzählungen, Gedichte und Theaterstücke. Neben vielen anderen Auszeichnungen erhielt er 2005 für sein unter Pseudonym veröffentlichtes Kinderbuch *Die Kurzhosengang* den Deutschen Jugendliteraturpreis.
Gehenlassen aus: ders., *Niemand so stark wie wir*. © 1998 by Rowohlt Taschenbuch Verlag, Reinbek bei Hamburg

Robert Gernhardt (1937–2006) wurde in Reval/Estland geboren. Er studierte Malerei und Germanistik in Stuttgart und Berlin und arbeitete ab 1964 als freier Maler, Zeichner, Karikaturist und Schriftsteller in Frankfurt am Main. 1979 war er Mitbegründer der Satire-Zeitschrift *Titanic*. Gernhardt veröffentlichte Bildergeschichten, Satiren, ironische Erzählungen und Gedichte sowie Kinderbücher.
Lieben heißt; Liebesgedicht aus: ders., *Gesammelte Gedichte 1954–2006*. © S. Fischer Verlag GmbH, Frankfurt am Main 2008

Herbert Günther (geboren 1947 in Göttingen) wuchs auf dem Land auf, arbeitete als Buchhändler und Lektor und ist seit 1988 freier Schriftsteller und Übersetzer. Er schreibt Kinder- und Jugendbücher und Drehbücher fürs Fernsehen. Mit seiner Familie lebt er in der Nähe von Göttingen. Für seine Bücher wurde er u.a. mit dem Friedrich-Bödecker-Preis ausgezeichnet.
Castor und Pollux aus: ders., *Mein Leben als Fee*. © 2001 Gerstenberg Verlag, Hildesheim

Wolfram Hänel (geboren 1956 in Fulda) studierte nach dem Abitur Deutsch und Englisch in Berlin und arbeitete am Theater. Mit 30 Jahren fing er an zu schreiben und verfasst seitdem Erzählungen, Romane und Lyrik für Kinder und Jugendliche. Er lebt mit seiner Familie in Hannover.
Lola und Glatze aus: ders., *Lola und Glatze*. © 2010 Hase und Igel Verlag GmbH, Garching b. München

Ulla Hahn (geboren 1946 in Brachthausen/Sauerland) studierte Germanistik, Soziologie und Geschichte. Nach ihrer Promotion arbeitete sie an den Universitäten Hamburg, Oldenburg und Bremen und später als Literaturredakteurin. Bekannt wurde sie als Lyrikerin; sehr erfolgreich wurden ihre autobiografisch geprägten Romane.
Blauer Himmel aus: dies., *Spielende*. © 1983, Deutsche Verlags-Anstalt, München, in der Verlagsgruppe Random House

Wolf Harranth (geboren 1941 in Wien) arbeitete ab 1960 in einem Verlag und war dort bis 1985 als Lektor und zuletzt als Geschäftsführer tätig. Er lebt in Wien und ist freier Autor, Übersetzer und Mitarbeiter beim Rundfunk.
Liebesgedicht. © Wolf Harranth

Heinrich Heine (1797–1856) gilt als bedeutendster deutscher Lyriker in der Übergangszeit zwischen Romantik und Realismus. Er schrieb Natur- und Liebesgedichte,

Balladen, politische Gedichte und Erzählungen. Heine kannte die romantische Gemütslage voller Sentimentalität, Sehnsucht und Weltschmerz noch sehr gut. Er hielt sie jedoch für überkommen und in vielen seiner Gedichte verspottet und ironisiert er sie.
Ein Jüngling liebt ein Mädchen aus: ders., *Sämtliche Gedichte in zeitlicher Folge*, hg. von Klaus Briegleb. Insel Verlag, Frankfurt am Main 1993

Ernst Jandl (1925–2000) war Gymnasiallehrer in Wien. Berühmt wurde er durch seine experimentellen Sprachgedichte, in denen es vor allem auf den Klang der Laute und Worte ankommt. Klang- und Geräuschpoesie hat Jandl auch im Hörspiel und Drama eingesetzt.
liegen, bei dir aus: ders., *Poetische Werke*, hg. von Klaus Siblewski. © 1997, Luchterhand Literaturverlag, München, in der Verlagsgruppe Random House GmbH

Peter Jepsen wurde 1947 in Flensburg geboren.
Dieses kleine Gedicht aus: *Großer Ozean. Gedichte für alle*, hg. von Hans-Joachim Gelberg. © 2000 Beltz & Gelberg in der Verlagsgruppe Beltz, Weinheim/Basel

Sarah Kirsch (geboren 1935 in Limlingerode/Nordthüringen) zählt zu den bedeutendsten zeitgenössischen Lyrikerinnen im deutschen Sprachraum. Nach einem Biologiestudium begann sie 1960 mit der Veröffentlichung lyrischer Texte. Sie wurde 1976 aus dem Schriftstellerverband der DDR ausgeschlossen und zog 1977 nach Westberlin. Heute lebt sie auf dem Land in Schleswig-Holstein.
Meine Worte gehorchen mir nicht aus: dies., *Sämtliche Gedichte*. © 2005, Deutsche Verlags-Anstalt, München, in der Verlagsgruppe Random House GmbH

Christine von dem Knesebeck (geboren 1947 in Hamburg) studierte Germanistik, Geschichte und Politik in Frankfurt am Main und München. Neben Lyrik schreibt sie Kinderbücher und Libretti. Sie ist freiberuflich im Kulturmanagement tätig und lebt in München.
Ob ich ihr sag, dass ich sie mag ... aus: *Großer Ozean. Gedichte für alle*, hg. von Hans-Joachim Gelberg. © 2000 Beltz & Gelberg in der Verlagsgruppe Beltz, Weinheim/Basel

Karl Krolow (1915–1999) gilt als bedeutender Lyriker der deutschen Nachkriegsliteratur und wurde 1956 mit dem Georg-Büchner-Preis ausgezeichnet. War sein Werk anfangs geprägt von der Naturlyrik, so wurde es später von surrealistischen Elementen beeinflusst. Er übersetzte außerdem spanische und französische Lyrik und schrieb Essays und Prosa.

Kehrreim aus: ders., *Gesammelte Gedichte in drei Bänden.* © Suhrkamp Verlag, Frankfurt am Main 1985

Michael Krüger (geboren 1943) ist Schriftsteller, Verleger und Übersetzer. Er lebt in München.
Liebe aus: *Lebensmittel. Was Kinder brauchen*, hg. von Armin Abmeier und R. Susanne Berner. Mit Bildern von Thomas Müller. Büchergilde Gutenberg, Frankfurt am Main/Wien/Zürich 2003. © Michael Krüger

Friederike Mayröcker (geboren 1924) gilt als eine der bedeutendsten österreichischen Lyrikerinnen. Sie wurde u.a. mit dem Peter-Huchel-Preis, dem Georg-Büchner-Preis und dem Großen Österreichischen Staatspreis für Literatur ausgezeichnet. Sie lebt in Wien.
wie ich dich nenne wenn ich an dich denke und du nicht da bist aus: dies., *Liebesgedichte.* Ausgewählt von Ulla Berkewicz. © Insel Verlag, Frankfurt am Main und Leipzig 2006

Carson McCullers (1917–1967) war eine US-amerikanische Schriftstellerin. Mit 23 Jahren veröffentlichte sie ihren Erstlingsroman *Das Herz ist ein einsamer Jäger*, durch den sie schnell berühmt wurde.
Das Herz ist ein einsamer Jäger aus: dies., *Das Herz ist ein einsamer Jäger.* Aus dem Amerikanischen von Susanne Rademacher. Copyright der deutschsprachigen Ausgabe © 1963 Diogenes Verlag AG Zürich

Christian Morgenstern (1871–1914) wurde bekannt durch seine witzigen Verse, die voller Ironie und Tiefsinn sind. Er verfasste jedoch auch ernste Liebes- und Seelenlyrik. Morgenstern schrieb außerdem Aphorismen und übersetzte skandinavische Literatur.
Geheime Verabredung aus: ders., *Gesammelte Werke in einem Band.* Piper Verlag, München 1965

Mirjam Müntefering (geboren 1969 in Neheim/Sauerland) studierte in Bochum Theater- und Filmwissenschaften und Germanistik und arbeitete einige Jahre als Fernsehjournalistin. Nebenbei schrieb sie Jugendbücher, seit 2000 arbeitet sie freiberuflich als Schriftstellerin.
Flug ins Apricot aus: dies., *Flug ins Apricot.* © 2001 Milena Verlag, Wien

Per Nilsson (geboren 1954 in Malmö) arbeitete zunächst als Lehrer für Mathematik und Musik. Seit 1986 schreibt er Romane und Drehbücher. 1997 wurde er mit dem Deutschen Jugendliteraturpreis ausgezeichnet, 1999 mit dem Astrid-Lindgren-Preis für sein Gesamtwerk.
Regeln für die Liebe, inklusive Erklärungen aus: ders., *Nie wieder lonely.* Aus dem Schwedischen von Birgitta Kicherer. © Verlag Friedrich Oetinger, Hamburg

Christine Nöstlinger (geboren 1936) lebt in Wien und auf dem Land in Österreich. Sie veröffentlichte Drehbücher zu Fernsehfilmen, Mundarttexte, Gedichte, Erzählungen und Romane sowie zahlreiche Kinder- und Jugendbücher. 1973 erhielt sie den Deutschen Jugendliteraturpreis, 1984 die Hans-Christian-Andersen-Medaille.
Von mir aus aus: dies., *Mein Gegenteil. Gedichte für Kinder.* © 1996 Beltz & Gelberg in der Verlagsgruppe Beltz, Weinheim/Basel

Walther Petri (1940–2011) arbeitete zunächst als Theatermaler, später als Lehrer für Deutsch und Kunsterziehung und als Hochschuldozent. Seit 1980 war er freier Autor und verfasste Lyrik, Kinderbücher, Hörfunkbeiträge und Dokumentarfilmtexte. Er starb 2011 in Berlin.
Sehnsucht aus: *Großer Ozean. Gedichte für alle*, hg. von Hans-Joachim Gelberg. © 2000 Beltz & Gelberg in der Verlagsgruppe Beltz, Weinheim/Basel

Sylvia Plath (1932–1963) wurde in Jamaica Plain bei Boston geboren. Sie schrieb Lyrik, Erzählungen und einen halbautobiografischen Roman. 1963 nahm sie sich in London das Leben. Die Bedeutung ihres Werks wurde erst nach ihrem Tod erkannt.
Ein Tag im Juni aus: dies., *Zungen aus Stein.* Aus dem Amerikanischen von Julia Bachstein. © der deutschen Ausgabe: Frankfurter Verlagsanstalt GmbH, Frankfurt am Main 1989

Jutta Richter (geboren 1955 in Burgsteinfurt/Westfalen) veröffentlichte bereits als Schülerin ihr erstes Buch und studierte Theologie, Germanistik und Publizistik in Münster. Seit 1978 lebt sie als freiberufliche Autorin auf Schloss Westerwinkel im Münsterland. Neben belletristischen Werken schreibt sie hauptsächlich für Kinder und erhielt viele Auszeichnungen, darunter 2001 den Deutschen Jugendliteraturpreis.
Die Lückenbüßerin. © Jutta Richter

Rainer Maria Rilke (1875–1926) gilt als der wichtigste deutschsprachige Lyriker der ersten Hälfte des 20. Jahrhunderts. Dank seiner außerordentlichen Sprach- und Formbegabung war er auch ein hervorragender Übersetzer französischer Literatur und Lyrik.
Weißt du aus: ders., *Die Gedichte.* Insel Verlag, Frankfurt am Main 1986

Joachim Ringelnatz (eigentlich: Hans Bötticher, 1883–1934) führte ein Abenteurerleben u. a. als Schiffsjunge und Flieger. Er war Hausdichter im Münchner Kabarett »Simplicissimus«; später trat er im Kabarett »Schall und Rauch« in Berlin auf, wo er seine Gedichte im Moritaten- und Bänkelsängerton vortrug. Außerdem schilderte Ringelnatz sein abenteuerliches Leben in autobiografischen Werken und betätigte sich als Maler.
Ich habe dich so lieb; Gedicht in Bi-Sprache aus: ders., *Und auf einmal steht es neben dir. Gesammelte Gedichte.* Karl H. Henssel Verlag, Berlin 1950

Regina Rusch (geboren 1945 in Hamburg) studierte Literaturwissenschaft, Philosophie und Geschichte. Sie lebt als freie Autorin mit ihrer Familie in Frankfurt am Main.
Schön, einfach nur schön aus: Reiner Engelmann (Hg.), *(Un)heimlich verknallt.* © 1997 Arena Verlag GmbH, Würzburg

Rafik Schami (geboren 1946 in Damaskus) floh 1970 aus seinem Heimatland Syrien in den Libanon und wanderte 1971 nach Deutschland aus. Er schreibt in der Tradition des arabischen Geschichtenerzählens und gilt als Meister des mündlichen Erzählens vor Publikum. Mit seiner Familie lebt er in der Pfalz.
Liebesübungen aus: ders., *Die Sehnsucht der Schwalbe.* Illustriert von Root Leeb. © 2000 Carl Hanser Verlag, München

Kurt Schwitters (1887–1948) gilt als wichtiger Impulsgeber für die moderne Kunst. Der Maler und Dichter wurde von der Dada-Bewegung geprägt. 1919 veröffentlichte er die Prosa- und Gedichtsammlung *Anna Blume*, die ihn schnell bekannt machte.
An Anna Blume aus: ders., *Anna Blume und ich. Die gesammelten Anna-Blume-Texte,* hg. von Ernst Schwitters. © 1965, 1987, 1996 Arche Verlag AG, Zürich/Hamburg

Ulf Stark (geboren 1944 in Stureby/Schweden) studierte Pädagogik und Psychologie. Seinen ersten Lyrikband veröffentlichte er mit 20 Jahren, 1975 erschien sein erstes Kinderbuch. Mehrere seiner Werke wurden verfilmt, 1994 erhielt er den Deutschen Jugendliteraturpreis.
Ein Sonnenfunke im Auge aus: ders., *Das goldene Herz.* Aus dem Schwedischen von Birgitta Kicherer. © Carlsen Verlag GmbH, Hamburg 2004

Andreas Steinhöfel (geboren 1962 in Battenberg/Hessen) studierte Anglistik, Amerikanistik und Medienwissenschaften. Nach Abschluss seines Studiums erschien 1991 sein erstes Jugendbuch. Er schreibt Kinder- und Jugendbücher, Drehbücher und ist auch als Übersetzer tätig. 2009 erhielt er den Deutschen Jugendliteraturpreis.
Gekidnappt aus: *Ab in die Ferien!,* hg. von Maria Rutenfranz. © 1997 Deutscher Taschenbuch Verlag, München

Ludwig Thoma (1867–1921) war Jurist und Schriftsteller. Seine Erzählungen und Theaterstücke, die den bayerischen Alltag realistisch und satirisch schildern, machten ihn schon zu Lebzeiten populär. Ab 1899 war er Mitarbeiter und später Chefredakteur der Satirezeitschrift *Simplicissimus.*
Das Glück, Auszug aus: *Meinem liebsten Mädel* aus: ders., *Gesammelte Werke in sechs Bänden.* Bd. 6, Piper Verlag, München 1968

Annika Thor (geboren 1950 in Göteborg) arbeitete als Sekretärin, Bibliothekarin und Filmkritikerin, bevor sie mit dem Schreiben begann. Heute gehört sie zu den bekanntesten schwedischen Kinder- und Jugendbuchautorinnen. Ihre Werke wurden vielfach ausgezeichnet, u. a. mit dem Deutschen Jugendliteraturpreis. Sie lebt in Stockholm.
Ein rotes Herz, ein blauer Schmetterling aus: dies., *Ein rotes Herz, ein blauer Schmetterling.* Aus dem Schwedischen von Angelika Kutsch. © 2002 Annika Thor
© der deutschen Übersetzung Carlsen Verlag GmbH, Hamburg 2003

Der Verlag dankt allen Autoren und Verlagen für die freundliche Genehmigung zum Abdruck. Leider war es uns nicht in allen Fällen möglich, die Rechteinhaber ausfindig zu machen; alle Ansprüche bleiben gewahrt.

Arnhild Kantelhardt, geboren 1948 in Buxtehude, lebt heute in Hamburg. Sie studierte Germanistik und Pädagogik und schloss eine Ausbildung zur Diplombibliothekarin an. Über viele Jahre verantwortete sie das Lektorat für Kindermedien der Bücherhallen Hamburg. Bei Gerstenberg ist das von ihr zusammengestellte Hausbuch *Es war eine dunkle und stürmische Nacht* sowie *Das Hausbuch der Gutenachtgeschichten* erschienen.

Philip Waechter, geb. 1968 in Frankfurt/M., studierte Kommunikationsdesign mit dem Schwerpunkt Illustration an der Fachhochschule in Mainz. Seit 1995 illustriert er Bilder- und Kinderbücher. Er lebt als freier Grafiker und Illustrator in Frankfurt, wo er 1999 mit anderen Illustratorinnen und Illustratoren die Ateliergemeinschaft »labor« gründete.

1. Auflage 2012
Copyright © Gerstenberg Verlag, Hildesheim
Alle Rechte vorbehalten
Layout: Matrix Buchkonzepte
Christina Modi/Maren Orlowski GbR, Hamburg
Druck und Bindung: Memminger MedienCentrum,
Memmingen
Printed in Germany

www.gerstenberg-verlag.de

ISBN 978-3-8369-5361-0